KB137811

시베리아 횡단철도와 주요 역들

표시가 된 곳은 이 책의 저자 조지 린치가 거쳐간 곳이다.

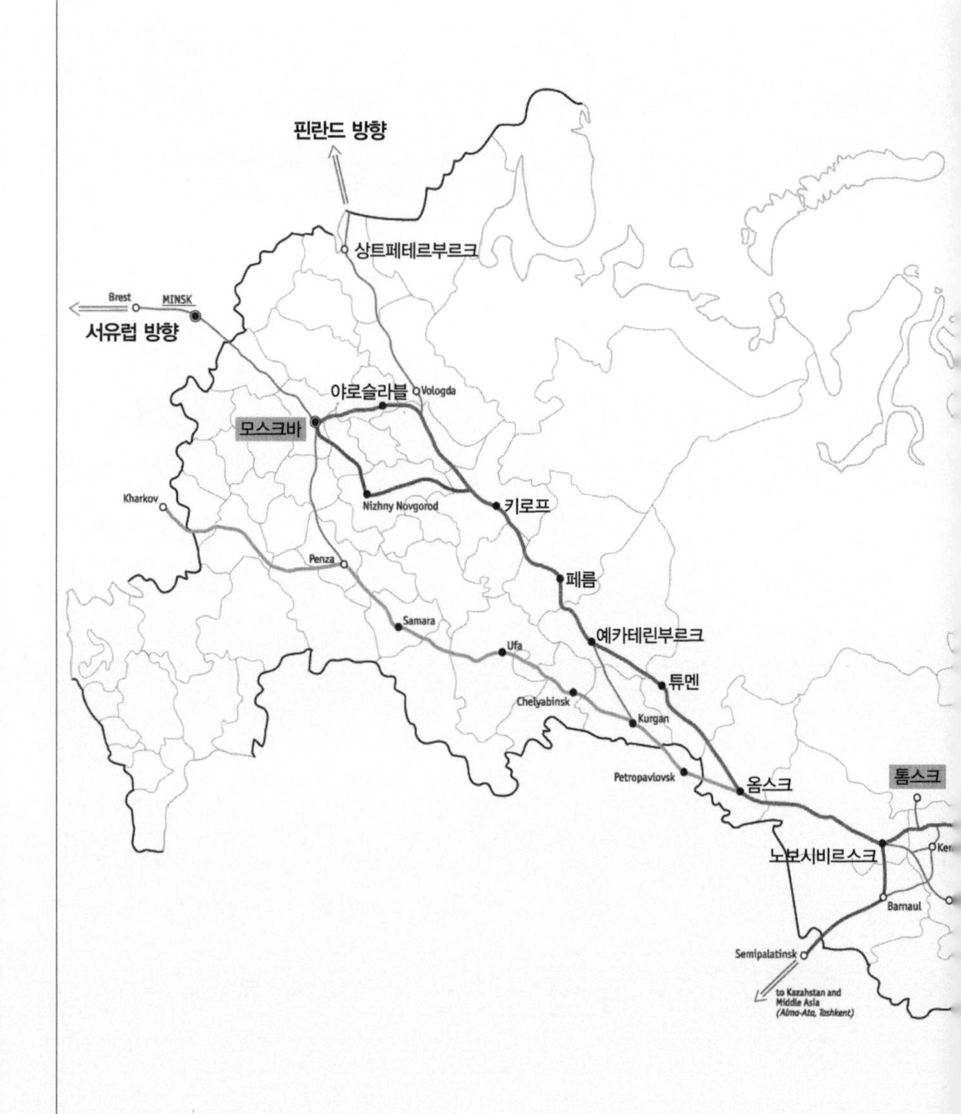

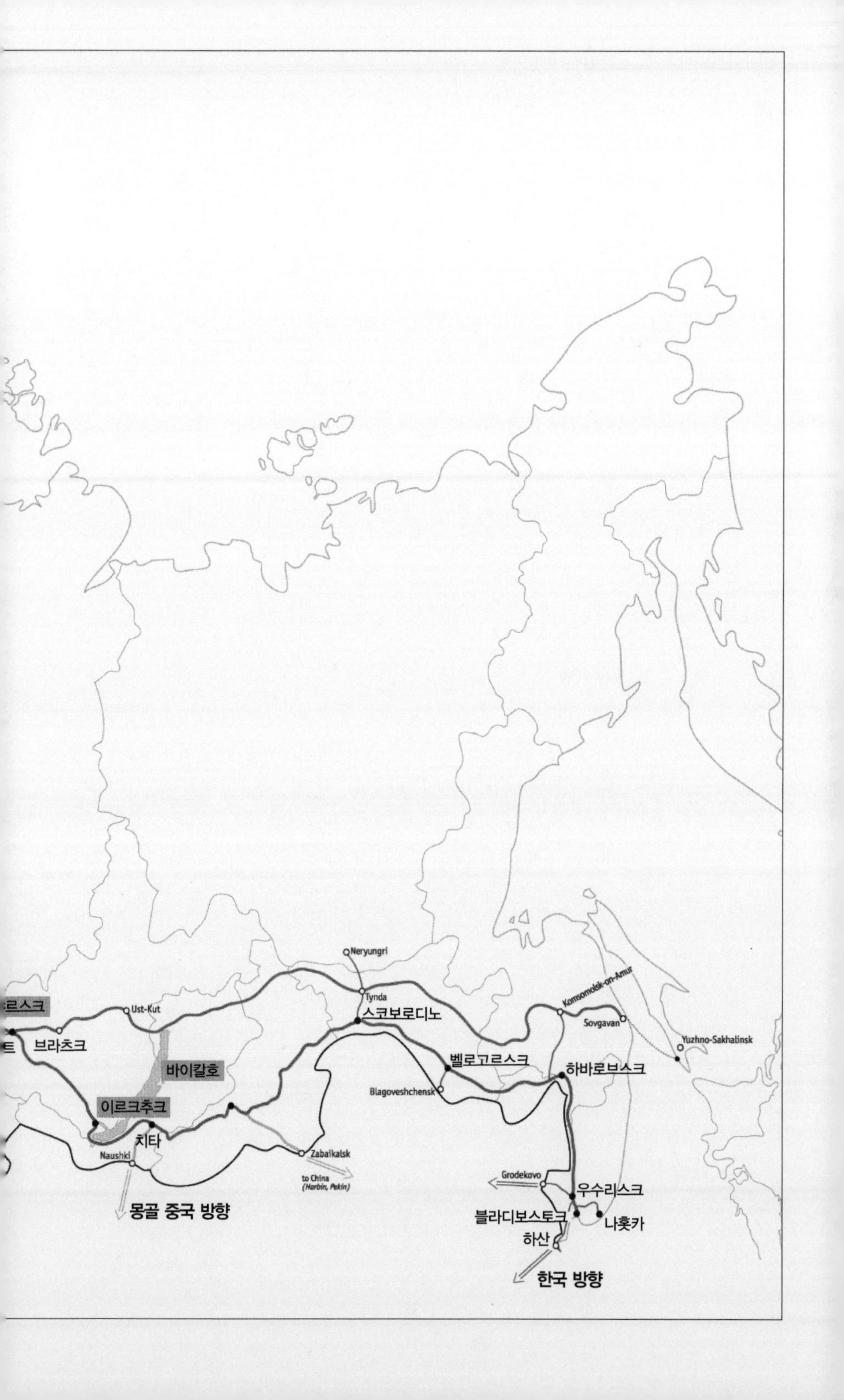
르스크
트
Ust-Kut
브라츠크
바이칼호
이르크추크
치타
Naushki
Zabaikalsk
to China
(Harbin, Pekin)
몽골 중국 방향
Neryungri
Tynda
스코보로디노
벨로고르스크
Blagoveshchensk
Komsomolsk-on-Amur
Sovgavan
Yuzhno-Sakhalinsk
하바로브스크
Grodekovo
우수리스크
블라디보스토크
나홋카
하산
한국 방향

제국의 통로

Sincerely yours
George Lynch

제국의 통로

The Path of Empire, George Lynch

조지 린치 지음 • 정진국 옮김

글항아리

일러두기

· 이 책은 George Lynch, *The Path of Empire*, London Duckworth&Co., 1903을 완역한 것이다.
· 본문 중 ( )는 원저자가 보충 설명한 것이며, [ ]는 옮긴이가 보충 설명한 것이다.

극동세계의 제국주의적 근대화 증언

윤휘탁 국립한경대학교 교양학부 교수

제국 실현의 첨병, 철도와 근대세계

역사적으로 보면, '철도'는 근대화의 상징이었다. 철도 부설과 각종 근대 건축시설 공사로 북적대면서 관공서, 학교, 병원, 교회, 극장, 호텔, 주거 시설, 전등, 전신 · 전화 시설 등도 들어섰다. 물자 유통이 쉬워지자 철도 주변에는 공장들이 들어섰고 광산 개발이 활발해졌다. 철도의 개통으로 지역사회에 고립된 채 살아가던 수많은 사람들은 더 넓고 새로운 세상을 보고 경험하면서 지적 안목을 넓혀갔다.

그렇다고 철도가 사회발전에 긍정적으로만 작용한 것은 아니다. 특히 근대에 접어들어 약육강식의 식민 논리에 사로잡힌 제국주의 열강이 앞다투어 약소국에 철도를 부설하면서, 철도는 열강의 침략과 수탈의 상징이기도 했다. 열강은 철도 부설 예정지를 헐값으로 구입했고, 철도 수비를 빌미로 자국 군대를 주둔시켰으며 철도 주변 지역을 배타적 치외법권지대로 만들어 약소국의 주권을 침해했다. 또한 군사적 압력이나 전쟁 수단을 통해 철도 인근의 광산 채굴권이나 농산물을 약탈해갔다. 철도는 제국주의 열강이 식민지를 확보하고 미개지를 개척해서 제국으로 발돋움하는 데 첨병 역할을 했다. 그 대표적인 사례가 한반도 및 만주 지배를 둘러싸고 러시아와 일본이 벌인 철도 부설 각축전이었다.

조선 · 중국 · 시베리아 · 만주 · 몽골의 풍부한 민족지

영국의 언론인이자 기행문학가였던 조지 린치가 쓴 『제국의 통로*The path of Empire*』 역시 철도와 관련되어 있다. 이 책에서는 철도를 '제국의 통로'로 규정하고 있다. "철도는 피를 흘리지 않는, 은근하면서도 새로운 침략 방식"이었다. 근대 시기 제국들은 철도를 부설하면서 국가의 재산이나 교역, 자원을 둘러싸고 다투었지만, 그때는 병사들이 아닌 외교관이나 상인, 금융인, 회사원, 무역상, 기술자들이 싸웠다. 당시 제국들은 과거처럼 비용이 많이 드는 원정 전쟁 대신 '철도'라는 좀더 개화된 정복 방법을 동원했던 셈이다.

이 책은 러일전쟁 직전에 저자가 기차를 타고 일본 → 조선 → 만주 → 중국 → 몽골 → 시베리아 → 모스크바를 여행하면서 집필한 기행문이자 역사 교양서다. 철도여행을 하면서 보고 느낀 내용들만 나열하는 데 그치지 않고, 자신의 해박한 지식을 바탕으로 제국주의 열강의 정치 · 외교 · 경제 이외에, 철도가 지나는 주변 지역과 민족의 역사, 사회, 문화, 생활 등에 관해 다양하고 심도 있게 기술하고 있다. 그런 점에서 근대 시기 극동 지역 국제관계에 얽힌 실태와 만주, 몽골, 시베리아에 거주했던 소수민족의 생활사와 복식사 등에 관심 있는 이들에게 생생한 현장 감각과 당대적 역사 안목을 갖도록 해준다.

책에서 드러난 저자의 구체적인 여행 경로는 일본 고베에서 시작되어 부산 → 제물포(인천) → 서울 → 여순旅順/대련大連 → 북경 → 천진天津 → 산해관山海關 → 우장牛莊 → 영구營口 → 봉천奉天 → 하얼빈 → 몽골 → 러시아의 이르쿠츠크 → 바이칼 호 → 톰스크 → 크라스노야르스크 → 모스크바로 이어진다. 이 여정이 시작된 것은 지금부터 100여 년 전인 1903년이다. 100여 년이 지난 현재 저자와 똑같이 시베리아 횡단철도여행을 꿈꾸는 이가 있다면, 또는 당시 동북아시아 역사에 관심이 있는 사람이라면, 마치 타임머신을 탄 듯이 그때의 유라시아 세계로 돌아가 오늘날의 세계와 달라진 모습을 견주어볼 수 있을 것이다.

러일전쟁 예견한 예리한 시각 소름끼쳐

이 책에는 우리의 시선을 사로잡는 내용이 아주 많다. 우선 러시아와 일본이 조선을 차지하기 위해 펼치는 숨 막히는 각축과 접전의 실상이 생생하게 피부로 다가온다. 러일전쟁을 예견하는 저자의 예리한 시각은 소름이 끼칠 정도다. 당시 '조선을 누가 차지할 것인가?' 는 열강들의 초미의 관심사였다. 저자는 이미 일본이 철도라는 현대적 정복술을 통해 한반도 종단철도를 부설하면서 철도 인근의 요지를 확보해 일본인 거주지를 만드는 등 침략의 손길을 뻗치고 있는데도, '은둔의 왕국' (조선)에서는 그 낌새를 알아차리지 못한 채 무기력증에 빠져 있는 모습을 그려내고 있다. 그 밖에 당시 조선인의 생활상, 거리와 전차, 지저분한 골목길, 수두에 걸린 왕족을 치료하기 위해 무당과 점쟁이들을 불러들여 굿하는 미신적 행태, 조선 관리들의 횡령과 부패, 근대화의 빛깔을 띠어가는 서울의 모습, 외국인에게 친절하고 정감 있게 대하는 조선인의 태도 등을 잘 보여주고 있다. 게다가 아시아에서 기독교가 가장 빠르게 보급된 배경, 선교사들의 월권과 교만으로 인한 지방관과의 마찰, 선교사들의 포교 행태의 문제점 등을 예리한 시각으로 들춰내고 있다.

다음으로 만주와 관련해서는, 러시아의 동방정책 일환으로 조성되고 있는 대련의 도시화 과정, 여기에 몰려든 중국인 쿨리들의 생활상, 러시아인들의 부패 행위, 러일전쟁 승패의 격전지였던 여순 항과 요새화된 주변지역의 모습, 러시아 함대의 위용, 러시아의 극동정책, 만주의 광활한 들판, 번창해가는 봉천 시내의 모습, 고궁古宮의 위용, 활기차고 시끌벅적한 하얼빈의 모습과 도시 건설의 역사 등을 생생하게 그려내고 있다. 중국과 관련해서는 의화단운동과 서태후의 관계, 의화단 전쟁 이후 달라진 북경 조계지 내 각국 사람들의 다양한 태도와 모습, 북경에 주둔한 각국 병사들의 훈련 모습, 북경의 지독한 황사 폭풍과 그 재앙, 자금성의 모습, 천진 주변의 풍광, 만리장성의 모습, 간이역 주변에 몰려들거나 무개열차에 올라탄 중국인들의 참상, 군대 같지도 않은 중국 병사들의 행진 등을 전해주고 있다.

몽골과 관련해서는 몽골의 개관, 러시아가 몽골에 대한 중국의 종주권에 도전하여 몽골의 자치운동을 유도하고 자신의 영향권 속에 집어넣는 과정, 몽골의 각종 자원 수탈과정 등을 상세하게 기술하고 있다. 러시아와 관련해서는 바이칼 호의 역사와 환경, 시베리아 소수민족의 생활상,

이르쿠츠크의 각종 산업과 교도소 실태, 크라스노야르스크의 산업과 자원 실태, 도시의 풍광, 예니세이 강 주변 북빙양의 선사시대 유적, 톰스크 제국대학의 우수성, 시베리아 횡단 특급열차와 철도 건설의 역사, 북빙양 탐사의 역사와 실패담, 키르키즈 스텝 원주민의 실상, 시베리아 철도 개통에 따른 근대화, 시베리아 이주민의 실태 등을 전해주고 있다.

오리엔탈리즘에서 자유롭지 못해

이 책의 몇 가지 두드러진 특징은 저자 역시 서구인인 까닭에 오리엔탈리즘에서 완전히 자유롭지 못하다는 점이다. 저자는 일본이 한국을 병합하면 한국은 은둔과 고립에서 벗어나 진보를 맞이하게 될 것으로 인식한다. 또 저자는 다양한 사례를 바탕으로 중국의 변화상을 일본화로 규정하는 동시에 중국인을 각성시킬 나라는 일본밖에 없다고 단정한다. 그의 인식에는 '일본=문명' '조선 · 중국=미개 · 야만' 이라는 서구식 오리엔탈리즘이 투영되고 있기에 일본만이 선택받은 문명국가라는 '확신' 이 자리 잡고 있다.

이 책이 만주에 주목하고 있다는 점은 특히 눈여겨볼 만하다. 러시아의 만주 점령 정책과 과정, 그에 대한 열강의 시각 등에 많은 지면을 할애하고 있다. 게다가 해박한 지식과 정보를 동원하여, 러시아의 동방정책 일환으로 추진된 유형流刑제도, 대규모 이민정책, 철도 부설에 따른 시베리아 지역의 변모 등 러시아 제국의 형성과정을 낙관적이고 목가적으로 묘사하고 있다. 이런 대목에서는 '러시아의 동방정책사' 혹은 '제국

형성사'를 연상케 한다. 그러면서도 극동에서 점점 위축되어가는 영국의 영향력에 대해 안타까운 심정을 쏟아내곤 한다. 또한 중국과 일본의 관계 진전이 '황화黃禍'를 초래할 것이라는 일부 서구인의 부정적인 시각도 전해준다. 그도 어쩔 수 없는 영국의 자연인이자 제국을 동경하고 지향하는 서구인이었던 셈이다.

그다음으로 이 책에서는 의화단 전쟁 때 연합군들이 북경의 수많은 전당포에서 엄청난 귀중품들을 차지했다는 점, 러시아 군대 내에 중국인 병사들이 많이 고용되어 있었다는 점 등 지금까지 잘 알려지지 않았던 새로운 내용들도 밝혀주고 있다. 한편 잘못된 정보를 담고 있는 곳도 있다. 가령 1900년 의화단운동 이후 러시아가 군사적으로 만주를 점령한 사건을 실질적인 러시아의 '만주합병'으로 간주하고 있다. 이는 역사적 사실과 부합하지 않는다. 특히 가장 아쉬운 점은 여행 날짜가 없다는 것이다. 이는 구체적인 정보를 원하는 독자들을 애타게 만드는 부분이다.

그렇다고 이 책의 가치가 폄하되는 것은 아니다. 왜냐하면 이 책은 100여 년 전 근대화의 문 앞에 선 극동세계의 가장 치열했던 모습들을 생생하게 증언해주는 자료의 보고寶庫이기 때문이다. 특히 수많은 사진을 통해 당대의 모습을 파노라마처럼 생생하게 펼쳐준다. 이것은 활자가 전해주는 묘사적 한계를 뛰어넘어 우리의 오감과 여행 본능을 자극한다!

머리글

철도는 제국의 길이다. 오늘은 물론 내일도 그럴 것이다. 극동의 한국과 중국, 만주, 몽골, 시베리아를 지나는 여행자는 최근에 깔린 철로를 만난다. 이미 완공된 것도 있고 공사 중인 것도 있다. 이는 새로운 침략 방식을 명백히 입증한다. 피를 흘리지 않는 은근한 침략이다. 국가의 재산이나 교역 및 자원을 둘러싸고 다투지만, 병사들이 싸우는 것이 아니라 외교관이나 상인, 금융인, 회사원, 무역상, 기술자들이 싸운다. 거칠고 비용이 많이 드는 과거의 원정전쟁 대신, 이제는 좀 더 개화한 정복 방법이 동원된다.

현재 극동에서는 그 어느 때보다 심대한 사건들이 넘쳐난다. 제국들이 발흥하면서 더욱 큰 제국을 향해 다투고, 한편에서는 이주 움직임이 눈에 띈다. 올해 들어 동방을 향한 러시아의 대규모 '집단 이주'가 시작되었다. 실제로 러시아에 넘겨진 만주의 900만 평방킬로미터의 땅과 몽골의 수도에서 러시아 국기가 휘날리고, 일본인은 한국으로 조용히 침입하고 있다. 이 모든 것이 착착 진행 중이다. "이런 엄청난 작업에 잡음이

나지 않습니까?" 런던에 돌아오자마자 듣게 되는 질문이다. 그러나 일반인들은 내정의 분란 때문에 정말이지 이런 데 신경 쓸 겨를도 없다. 그저 변두리의 대수롭지 않은 소란 정도로나 여길 뿐이다!

동양세계는 세련되고 경이로운 매력을 지니고 있어, 그곳을 이해하기 전에 우선 경험을 해봐야 하며, 사랑하기 전에 우선 깊이 느껴봐야 한다. 일단 그렇게 동양을 알게 된 사람은 그 장중하고 화려하며 우렁찬 목소리에 매료되고 만다. 만약 누군가 진정으로 자기 시대의 삶을 살아가며 여행을 계속하면서 다시금 동양을 찾는다면, 그는 주위 사람들에게 하고픈 말이 무척 많아질 것이다. 다른 어떤 나라 사람들보다 영국인들은 이 지역 여러 나라의 동향과 행보에 관심을 가져야 한다. 극동에서 벌어지는 일에 대한 무지와 무관심은 통상관계에서 사실상 이들을 무시하는 탓이다. 그러는 동안 우리의 경쟁국들은 지칠 줄 모르는 집념과 행동으로 밀어붙이고 있다.

세계에서 사실상 가장 관심을 둘 만한 제국의 길은 바로 시베리아 횡단철도라고 할 수 있다. 그 여행 중에 점점 더 거대해져가는 러시아 제국의 큰 그림을 보게 된다. 무엇보다도 그 후경은 망망한 대양 같은 인상을 준다. 끝도 없이 펼쳐지는 초원의 전망과 깊게 드리운 원시림의 우수. 실로 감탄할 만한 풍광이다. 송림이 '하느님의 그림자' 처럼 산들을 덮고 있는가 하면, 강물은 영원한 하느님처럼 까마득한 끝을 향해, 북빙양(북극해)을 향해 흘러간다. 그 장대한 물줄기는 압도적인 위엄으로 물살에 수수께끼 같은 운명의 힘을 불어넣는 듯하다. 인간의 진보라는 것은 이를테면 이 강물의 성스런 혼魂이다. 강물과 나란히 떠오르는 해를 향해 멈출 줄 모르고 흘러가는 또 다른 흐름이다. 가령 후경이 넓은 붓으로 시원스레 그려진 듯하다면, 화면 전체도 그렇기는 마찬가지이다. 작은 것은 전혀 없다. 궁색한 것도 없다. 마치 이곳에 강의 양쪽 기슭을 이어주는 거대한 다리들이 있어야 할 듯이, 모든 것이 기념비적인 계단 위에 층층이 쌓여 있다. 수십, 수백만 명이 여기에서 제국을 건설했을 것이다. 전경에서 얼씬대는 사람들의 모습도 배경과 잘 어울린다. 어깨가 넓고 가슴이 당당한 사람들, 멋진 걸음걸이의 병사들과 가죽장화의 목을 뒤집어 접고 수염을 기른 장군들, 힘겹기 짝이 없어 보이는 밭일에 능숙한, 거인족의 미래를 보장하는 여자들이다.

러시아 사람들은 대식가에 지칠 줄 모르는 일꾼들이다. 이는 바로 주위의 풍경에서 자연스레 우러나는 요소이다. 우선 이들 민족의 주된 특징과 면모는 상당히 원초적인 상태, 자기 생활의 틀을 따르는 우직한 단순성 같은 것이다. 하느님과 황제는 이 나라 어느 곳에서나 영원히 그 모습을 느낄 수 있는 존재들이다. 수많은 성당의 푸르고 둥근 지붕과 종루에서 귀를 때리며 울려 퍼지는 종소리, 대성당의 중후한 동랑을 울리는 저음의 엄숙한 노랫소리, 성상을 향한 독실한 경배와 계속되는 성호 긋기, 이 모든 것이 바로 이곳이 '성스런 러시아'로구나 하는 인상을 심어준다. 병영과 망루 위, 그리고 어느 도시에서나 볼 수 있는 기념물 위에는 지금의 황제가 황태자 시절 나라를 순방하며 남긴 자취로서 폭군 이반〔1530~1584. 러시아 초대 황제〕의 상징물인 쌍두독수리상이 앉아 있다. 관청과 철도역마다, 상가 건물 안에도 황제의 초상이 성상과 나란히 걸려 있는데, 그 앞에서는 늘 양초가 타오른다. 러시아 사람들은 태어나면서부터 자신이 황제를 위해 싸우고 죽어야 한다는 것을 알게 된다. 또 그 가부장적인 정부는 국민을 평생 자식 취급한다. 시베리아 횡단철도

〔이하 시베리아철도〕를 따라 길게 이어지는, 시베리아에 '거대한 러시아'를 일구며 정착하는 이 대규모 이주는 사실상 혁명적 동요를 막아준다. 그 실질적 안전판은 정부다. 정부는 이 러시아 사람들을 안내하고, 도중에 먹을거리를 제공한다. 또 정부가 그들에게 토지뿐 아니라 극동의 새로운 거처에 완전히 정착할 때까지 일거리도 제공한다. 다만 이 전체적인 그림에서 햇살처럼 빛나는 이러한 이주의 광채에도 불구하고 한편으로는 여전히 어둠이 깊다. 이주민들이 그렇게도 선망하던 새롭고 자유로운 거처를 찾아 들뜬 마음으로 달리는 이 길에서, 격자창으로 막힌 열차들이 간간이 보인다. 그 창 너머로 지적인 용모의 사람들과 연민을 느끼게 하는 여자들, 그리고 꽃과 풀을 꺾으려고 막힌 창밖으로 고사리 같은 손을 뻗으며 웃는 아기들도 보인다. 그러나 죄인들을 동원해 식민지를 건설하려는 계획은 그 성과가 신통치 않았다. 1900년, 황제는 칙령을 내려 유형제도를 바꾸었고, 이미 유형의 비율은 크게 줄어들었다.

시베리아는 이와 다른 식으로 사람들이 넘칠 것이다. 현재 러시아에서 인구 증가는 매년 161만3000명에 달한다. 러시아 인구는 지난 60년 사이에 두 배로 증가했다. 이대로라면 1950년경에 총인구는 지난 1897년의 인구조사 때보다 크게 늘어나 1억3500만 명을 넘게 된다.

러시아의 은밀한 군사행동과, 부산에서 서울까지 철도를 부설하려는 일본의 구상에는 비슷한 동기가 숨어 있다. 일본도 러시아와 엇비슷한 성과를 내려는 행보를 보인다. 중국에서 부설 중인 철도도 중요하기는 마찬가지다. 나는 극동에서의 영토 확장 정책을 결코 권하지 않겠다. 우리〔영국〕는 이곳에서 사업을 벌여야 한다. 정부가 국민의 부담을 가중시키면서 영토 확장을 꾀해서는 안 된다. 우리는 교역로를 트는 데에 주력

해야 한다. 우리의 외교는 지금보다 더욱 온건해야 한다. 그렇게 해서 교역에 유리하도록 해야 한다. 만약 중국이, 열강은 더 이상 다른 영토를 원치 않는다고 확신한다면, 그들은 자국의 무역항을 개방함으로써 입지가 훨씬 더 나아질 것이다. 현재 러시아에 복속된 만주를 포함해서 중국의 세 지방에 관해서는 당장에 강력한 외교적 압력을 행사하여 그 방대하고 비옥한 땅, 중요 자원의 실태조차 제대로 모르는 그 땅을 세계 무역에 개방하도록 요구해야 한다. 러시아가 중대한 약속을 지키지 않을 수도 있는 만큼, 그나마 이러한 조건이 러시아에 기대할 수 있는 최소한의 보상이 될 것이다.

이 지구상에서 시베리아철도만큼 큰 길은 어디에도 뚫린 적이 없다. 기대 효과에서 이보다 더 중요한 것도 없다. 우리는 이제 편안하게 피카딜리〔런던 시내의 중심가로 같은 이름의 유명한 광장이 있다〕에서 북경까지 20일도 안 걸려 여행할 수 있다. 일본까지 가는 것도 마찬가지다. 또 은둔의 왕국이라 부르는 한국은 그렇게 외진 곳에서 침략당하고 있다. 시베리아철도는 동양과 서양을 근접시키는 데에 크게 기여할 수 있다. 이곳을 주파하면서 철도가 새로운 침략 수단으로서 어떻게 대제국 건설에 기여하는지 연구할 수 있다. 러시아의 야심에 대해 어느 나라 사람이 어떤 입장을 취하고 어떤 반감을 품든, 러시아는 그 대담하고 거시적인 사업에 나서면서 공평한 정신에 대한 찬탄을 강요할 것이다. 나는 많은 것과 그 풍부한 잠재력을 보았다. 그렇기에 나는 이 책을 쓰고 싶었다. 독자들이 직접 여행을 하지 못할 수도 있다. 그래서 최소한 '제국의 길'에서 벌어지고 있는 엄청난 일들을 조금이라도 전하고 싶었다.

《 차례 》

1장

고베에서 한국까지

전함 '아사마'와 일본 함선 갑판에 정렬해 있는 해병

길을 떠나다

나는 우리 시대의 가장 흥미진진한 일들이 벌어지고 있는 극동에 다시 도착했다. 사냥의 어려움이라면 사냥감이 너무 많다는 것뿐이다. 나는 두 달간 일본에 머물면서 어떤 여로를 택할지 고심했다. 일본은 조용했지만 중국에는 소요가 일어나리라는 소문이 돌았다. 얼마 전부터 신문에서 그렇게 떠들더니 이내 잠잠해졌다. 그런데 만주 문제는 상당히 커져버렸다. 만주는 소유권이 여전히 오락가락하고 있으니 반드시 주시해야 한다. 한국도 마찬가지다. 러시아든 일본이든 씹을 준비가 되어 있는 호두 같기 때문이다. 이 두 나라는 싸울 태세는 아니더라도 최소한 닥칠지 모를 우발적인 사건을 버텨내려고 적극적으로 대비하고 있다.

한국인 스스로 은둔의 왕국, 고요한 아침의 나라라고 부르는 이 왕국은 어둠 속에 묻혀 있어도 항상 내 마음을 끌었다. 탐험가에게는 특히 매혹적이기 때문이다. 나는 흰옷을 입는 그 나라 사람들을 보고 싶은 마음이 간절했다. 이들은 문명의 여명기에 일본인에게 기도와 글과 그림을 가르쳐준 사람들이다. 이번에 중국을 다시 볼 수 있다면 더욱 좋을 것이다. 대단한 매력에, 침투하기 어려운 지상의 거대한 수수께끼인 곳이니까.

결국 나는 여로를 이렇게 짰다. 우선 대한해협을 건넌다. 이 해협은 일본이 이른바 아시아의 보스포루스〔터키 서부, 마르마라 해와 흑해를 잇는 해협으로, 유럽과 소아시아의 접점〕로 꿈꾸는 곳이다. 이어서 부산, 제물포, 서울, 연대를 거쳐 대련까지 간다. 대련은 러시아 황제의 칙령으로 조성된 신도시로서, 이곳에서 상업적 전망을 해볼 수 있고 또 막강한 해군기지 여순을 둘러보는 데도 도움이 될 것이다. 이어서 천진을 거쳐 북경으로, 다시 북경에서 열차로 런던 피카딜리까지 간다. 프랑스 칼레에서 영국 도버에 이르는 해협 구간만 제외된다. 나는 여로가 바뀔 수도 있다는 점을 염두에 두었다. 도중에 멈출 시간이 얼마든지 있었고, 그곳에서 특별한 관심거리를 끌어낼 수도 있었다.

일본을 떠나기 전날 밤, 나는 유례없이 거창한 전함 취역식에 초대받았다. 아침 7시에 부두로 나오라고 섬세하게 인쇄된 초대장을 받은 것이다. 좋은 아침이었다. 하지만 안개가 고베 만 일대를 뒤덮고 있었다. '외국인 조계租界' 로 이어지는 거리는 장식으로 넘쳤다. 꽃이 활짝 핀 벚나무 가지들에는 인공적인 것도 섞여 있었지만 구별하기 어려웠고, 멋진 화환과 등불로 꾸며졌다. 그것은 지난날 런던에서 거행된 국왕 등극식의 장식을 새삼 일깨웠다! 일본인은 예술적 감각이 뛰어나다는 말을 나도 되풀이할 수밖에 없었다. 푸른 나뭇가지의 홍예 밑을 지날 때 부두에 도열한 사관과 신사들이 보였다. 신사들은 중산모에 멋진 프록코트 차림이었다. 아, 그 거창한 모자! 복장은 엄격했다. 정장을 미국에 두고 온 탓에, 나는 중국인 재단사에게 12시간 안에 정장 한 벌을 지어달라고 해야 했다. 새 모자도 샀다. 상의는 괜찮았다. 그러나 바지는 하루 종일 일본식으로 앉아 있어야 할 테니 필경 어떤 꼬락서니가 될지 생각만 해도 아찔했다!

사람들은 서로 정중하게 예의를 갖춘 인사를 나누었다. 손님들은 자신들을 선단船團까지 안내해줄 예인선에 올랐다. 그 사이 안개가 더욱 짙어져 단 2미터 앞도 내다볼 수 없었다. 종, 사이렌, 무적霧笛 소리가 사방에서 울려왔다. 15분쯤이나 지났을까. 예인선 선장이 길을 잃고 말았다. 높은 모자를 쓴 신사들이 탄 배가 짙은 아침안개 속에 갇혀버렸다. 길을 찾지 못하면 어떻게 될 것인가? 어떤 손님이 이런 안개는 온종일 걷히지 않을 것이라고 장담했다. 갑판에는 먹을 것도 마실 것도 없었다. 우울하게 시야를 가린 그 모자들부터 치워야겠다는 생각뿐이었다.

반시간쯤 흘렀다. 우리는 꽤 오락가락했다. 그 순간 갑자기 검은 물체가 나타났다. 높은 모자를 쓴 신사들을 잔뜩 태운 또 다른 예인선이었다. 을씨년스럽고 침울하고 딱해 보이는 손님들이 우리 쪽으로 다가왔다. 그들의 모자는 우리보다 더 우스꽝스럽고 환상적이었다! 키가 큰 사람과 작은 사람들이 기막힌 균형을 이루고 있었다. 작은 사람들은 커다란 모자에 묻혀 거의 보이지 않을 지경이었다. '클라크 식'으로 챙이 분리되는 모자, 유행이 다 지난 모자, 혁명기 모자 등 참으로 가관인 모자 전시회가 아닌가! 이렇게 손님들이 탄 배 두 척이 멈추었다.

곧 안개가 걷히기 시작하면서 모두들 한숨을 돌렸다. 함선들이 하나둘씩 모습을 드러냈고, 우리는 천황이 승선할 '아사마' 호로 다가갔다. 예포가 울리면서 천황이 부두에 당도했음을 알렸다. 보트 하나가 우리

황제께 경례하는 전함 '아사마'

앞을 빠르게 지나갔다. 그다음 보트에 천황이 타고 있었다. 모두가 모자를 벗어들었고, 사관들이 침묵 속에 경례를 올렸다. 무거운 침묵이 이어지는 가운데 천황이 아사마 갑판에 올라 영접을 받았다. 뜨거운 환호성이 터졌는데, 그 효과는 극히 인상적이었다. 천황이 지난날 청국에 승리를 거두고서 입성할 때 받은 것과 같은 환호였을 것이다. 신민의 충정과 열광은 그 어떤 왕국에서도 들을 수 없는 갈채 속에 터져나왔다. 천황이 아사마 호에 오르자마자 뒷 돛대에서 황금국화가 번쩍이는 붉고 큰 깃발이 올랐다. 가벼운 바람이 안개를 거두어가 날도 화창해졌다. 그러자 4열종대로 늘어선 거대한 함대가 눈앞에 나타났다. 그 너머에는 인상적인 산기슭을 배경으로, 수많은 맹신자들이 해안을 메우고 있었다. 이들은 무쓰히토 천황이 일장기를 휘날리는 장면에서 깊은 감동을 받은 듯했다.

정확히 9시 30분에 아사마 호가 시동을 걸었다. 이에 따라 주위의 모든 배에서 예포를 울리기 시작했다. '메야코' 호와 '치하야' 호는 선단의 행렬 사이로 항해하는 아사마 호를 따랐다. 영국 해군의 의장을 갖춘 최신식 '글로리' 호 앞에서 천황은 만세삼창의 경하를 받았다. 일본 함선들에서도 경의를 표했다. 외국 함선을 포함해서 함선은 4열이었다. 일본 함대는 총 22만 톤이다. 두 번째 열의 한쪽 끝에 중국에서 노획한 '진원'이 보였다. 이 젊은 함대로서는 얼마나 멋진 승전배인가!

죽음처럼 음산한 엔진 소리 사이로 지난 30년간 일본인이 이룬 기적적인 일들이 떠올랐다. 아사마 호 갑판 위의 천황은 어떤 감회에 젖어 있었을까! 천황 뒤로 이토 〔히로부미〕 후작의 모습이 보였다. 무엇보다 이 함대와 운명을 같이해야 할 사람이다. 이날은 그에게도, 또 그와 함께 이

일본 천황에 환호하는 영국 해병

거대한 혁명과 개혁에 나서게 될 모든 사람에게도 정말이지 의기양양한 날이었을 것이다.

일본 기선의 위용

아사마가 닻을 던지자 사방에서 환호가 터져나왔다. 축포 소리 속에 독일인의 "호흐" 하는 환호성도 들렸다.

치하야 호의 손님들은 갑판에 차려놓은, 벚꽃으로 장식된 긴 식탁에 둘러앉았다. 외국 및 일본의 함장들이 아사마 갑판에 올라 천황에게 경의를 표했다. 아사마, 이스모 선상에서 연회가 이어졌다. 이스모 선상에서는 히가시후시미노미야 황태자가 연회를 주관했다. 선미 갑판은 인조 등나무로 꾸민 차일로 덮인 채, 만개한 벚나무 가지들이 그 주위를 둘러쌌다. 마치 일본 차밭에 들어서 있는 듯한 기분이었다.

이런 그림 같고 활기찬 광경을 어떻게 설명하면 좋을까? 사관들의 번쩍이는 제복과 수많은 훈장의 반사광을 떠올려보자. 게다가 요란한 군악도. 반짝이는 만灣의 후경으로, 잘 차려입은 사람들이 승선한 온갖 종류의 작은 배들과 게이샤의 화려한 의상이 광채를 발하며 퍼져나가는 듯했다.

미동도 않고서 이 모든 것을 주관하는 천황은 얼핏 검은 수염을 기른 근엄한 작은 사내처럼 보였다. 그는 소개 받은 사람들에게 아무 말도 건네지 않은 채 거리를 유지했으며, 거의 신성한 존재로서 주위 사람들에게 에워싸여 있었다. 연회에서 그는 함대 전체로 즉시 전해지는 연설문

오사카 만국박람회(위)와 만국박람회 예술관의 모습

을 낭독했다. 손님들은 장식물과 기념품을 한 아름씩 받아들었다. 누구나 꽃다발과 등, 깃발을 들고 떠났다.

일본은 1903년에서 1904년까지 해군력 증강을 위해 9986만305엔을 지출했고, 순양함과 어뢰정 등 전함 8만5000톤을 보강했다. 이제 일본 해군력은 33만5000톤에 이른다. 현재 해군 병력은 3만280명이고, 예비 병력이 4000명이다. 실제로 이 병력들을 움직일지 논란의 여지가 있지만, 해군력의 강화는 일본에서 큰 호응을 얻고 있다.

취역식을 마친 천황은 박람회 개막식을 위해 오사카로 향했다. 취역식이 일본의 해군력을 과시했다면, 박람회는 그 상업적 역량을 화려하게 뽐낸 행사였다. 산업관은 여러 도시와 지역으로 나뉘어, 일본 산업의 지역적 특성을 완벽하게 보여주었다. 만국박람회에서 가장 뚜렷하게 나타나는 것은 무엇보다도 이행기에 접어든 민중생활을 정확하게 반영하는 점이다. 도처에서 항상 다행스러운 것만은 아닌 서구의 영향도 드러난다. 거대한 광고판들이 맥주의 우수성을 요란하게 알리는 가운데, 커다란 통들이 예술관 앞까지 늘어섰다. 이곳 화상들은 프랑스 미술에 매료되어 있었다. 파리에서 귀국한 상당수 출품자가 내놓은 작품들 때문에 일본 특유의 독창성이 침해당하기는 해도 아직 완전히 밀려나지는 않았다.〔프랑스가 19세기 말에 주도했던 국제적 인상주의 미술이 일본 현대 미술에 끼친 영향은 결정적이었다.〕

인공 폭포는 일본인을 열광시키는 서구적 장치였다. 그 주위에 군중이 몰려 있었다. 사람들은 물이 떨어지는 순간을 구경하려고 몇 시간씩 기다렸다. 어떤 배들은 화사한 기모노 차림의 처녀들을 잔뜩 실어왔다. 이 아가씨들은 얼스 코트〔런던 시내 대중문화의 중심지〕의 처녀들처럼 큰 소리를 지르면서 서둘러 내려서려 하는데, 그 모습이 아주 재미있었다.

일본, 태평양의 정치적 강자

식민지관은 이주를 장려하는 일본의 뛰어난 구상을 제시했다. 대만관臺灣館은 이 점에서 특히 이 나라의 넘치는 힘을 행사할 기반을 넓히려 한다는 사실을 흥미롭게 보여주었다. 기계관도 주목할 만했다. 이곳에서는 일본이 지난 30년에 걸쳐 이룬 기술력의 놀라운 발전을 인상 깊게 과시했다.

고베를 떠난 우리는 내해를 지나 모지항門司港으로 향했다. 이 세상에서는 일찍이 겪어보지 못한 멋진 항해였다.

항구의 맞은편은 시모노세키로, 그 유명한 〔청국과 일본 간의〕 조약을 체결한 곳이다. 이 항구를 에워싼 가파른 구릉 위로는 요새들이 자리 잡고 있었다. 그중 한 곳에 들어가보았다. 거기에 거대한 대포가 설치된 기지를 건설하려면 대단한 역량이 필요할 것 같았다. 일본군 병사들은 항시적으로 훈련과 기동과 행군을 하고 있는 듯했다. 다른 어떤 나라의 군대도 이런 식으로 활동하지는 못할 것이다.

이튿날 우리는 나가사키에 도착했다. 언제나 그렇듯이 이번에도 러시아 전함 두 척을 포함해 함선들이 줄지어 있고, 해군조선소에서는 순양함 두 척을 건조하고 있었다. 나가사키에는 거대한 석탄보급창이 있다. 여자들도 남자들처럼 거룻배로 큰 선박들을 오가면서 놀라운 속도로 석탄 바구니를 옮겼다. 전에도 흥미로운 장면을 목격한 적이 있었다. 남녀 할 것 없이 사람들 앞에서 벌거숭이로 물속에 뛰어들곤 했던 것이다. 하지만 이제는 그런 일이 없다.

나가사키에서도 해수욕을 하려면 수영복을 입어야 한다는 규정이 생겼다. 어떤 일본인은 물에서 나오면서 수영복을 벗어버리고 몇 백 미터 떨어진 집으로 향했다. 아마도 그런 규정에 저항한다는 순진한 생각에서 그랬을 것이다.

우리가 탄 배에는 한국으로 가는 일본인들이 많았다. 한국으로의 이주를 권장하는 정부의 노력을 엿볼 수 있었다. 한 법령은 일본에서 한국으로 가는 모든 증기선은 남자 70인, 여자 30인을 의무적으로 수송하도록 규정했다. 우리 배의 승객 중에도 이주 세대가 여럿 있었다. 먼저 정착한 남편을 찾아가는 부인들, 기술자 두 명, 그리고 한국 정부에 군함 판매 대금 1만5000파운드를 받으러 가는 미쓰이 상사원 한 사람도 있었다. 승선한 모든 일본인은 어떤 식으로든 한국을 일본제국으로 조용히 흡수하려 드는 은밀한 침략과 점령을 위한 거대한 군대의 일원이었다!

2장

한국을 가로지르는 제국의 길

부산 번화가 풍경

현대적 정복 수법

은둔왕국은 그 어떤 나라보다 낯설다. 부산이라는 작은 도시의 부두에서 우리가 눈을 떴을 때는 산뜻한 아침이었다. 부두의 고요한 바닷물은 지중해처럼 깊고 파랬고, 산은 베수비오 화산의 비탈처럼 가팔랐다. 멋진 정크선들이 잘 조성된 부두에 정박해 있었다. 우리 배 근처에서는 삼판선三板船들이 흔들거리고 있었다. 그런 삼판선이나 정크선 위에서든 땅 위에서든 모두가 흰옷 차림에 뿔 모양의 챙이 넓은 모자를 쓰고 있었다.

햇빛 찬란한 이 아침에, 갈색 벼랑과 푸른 밭에 있는 사람들이 눈부시게 두드러져 보였다. 그들은 멀리 오솔길 사이로도 눈에 띄는데, 그 오가는 모습들이 마치 흰개미 떼 같았다. 불교 행사를 벌이는 사람들도 있었다. 집집마다 깃발이 휘날리고, 사찰들도 한껏 장식된 모습이었다. 언덕 꼭대기 송림에서 나는 한국의 제례 가운데 가장 그림 같고 흥미로운 것을 보았다. 땅에서 거둔 햇과일, 참외, 쌀, 밀 이삭, 해산물, 날짐승 등을

상 위에 정성껏 차렸다. 의식을 돕는 이들의 넉넉히 휘날리는 옷자락은 눈부시게 화사하며, 가볍고 산뜻한 즐거움을 발산했다. 남자들은 근엄하게 침묵을 지켰다. 이들은 당나귀나 조랑말 잔등의 작은 등자에 기댄 채 무릎을 세우고 앉아 있었고, 어떤 사람은 긴 담뱃대를 빨면서 으스대며 왔다 갔다 했다. 한국 사람들은 탈 짐승을 끄는 하인을 두고 있었다. 그런 사람들은 행동거지가 대단히 위엄 있어 보였다.

일본인 마을에서 한국인 마을로 가는 길은 벼랑을 따라 길게 이어졌다. 왼쪽으로 거의 1마일 떨어진 곳이다. 그 근처에서 일본 군영이 펼쳐진다. 강변까지 이어지는 연병장에서 병사들이 훈련을 하고 있었다. 많은 한국인은 숨을 죽인 채 그것을 구경하는 중이었다. 병사들이 제식훈련에 이어 공격 대형을 갖춰 기합을 넣으며 돌격하면서 창검을 찌르는 모습이 마치 상상 속의 러시아 군을 찌르려는 것 같았다.

이곳 극동에서는 세계사에서 유례를 찾아볼 수 없는 한 나라의 침략과 정복이 동시에 진행되고 있는 것으로 보인다. 일본이 한국을 침략하는 것과 러시아가 만주를 병합하는 사례를 보자. 이런 정복 수법은 모든 개연성으로 미루어, 지구상에 인구가 점점 늘고 경제력이 더욱 강해질수록 다른 나라들도 모방할 것이다. 장차 미국이 남아메리카의 공화국들을 상대로 이런 전례를 적용할 것으로 예상된다. 이런 수법은 전쟁보다 더디기는 하겠지만 비용은 더 적게 들이면서도 결국에는 더욱 완벽하고 만족스런 결과를 낳을 것이다.

불교 축제에 참석한 멋진 일본 여승들

서구 선교사들이 대부분 이런 정복의 선구자들이다. 그들의 순교는 영토를 폭력적으로 병합하려는 자들에게 훌륭한 구실이 된다. 일본과 러시아의 새로운 전략에 걸맞게 철도가 침략의 선봉에 서 있다. 우선 이주민을 들여놓으려고 시도하고 철도 부설을 인정받은 뒤에 말이다. 일본은 제물포-서울 노선을 개통했고 소유권을 갖고 있다. 나아가 부산-제물포 노선도 시공 중인데, 이 노선은 곧 그들의 영토 확장을 위한 침투선이기도 하다.

부산은 이 간선 철도망의 남쪽 종착역으로서 향후 18개월 내에 무역항으로 개방될 것이다. 부산은 일본에 가장 근접한 항구로, 어떤 전함도 안전하게 정박할 수 있는 완벽한 자연항이다. 일본의 감독 아래 수많은 한국인이 이곳에서 일하고 있다. 부두를 조성하여 선박들이 곧바로 하역 작업을 할 수 있게 하려는 것이다. 그래서 공사가 결코 만만치 않지만, 이곳에서 이런 일은 수월한 편이고 비용도 별로 들지 않는다. 같은 규모의 작업을 시베리아철도의 종착역인 대련에서 한다면 훨씬 더 어렵고 비용도 많이 들 것이다.

이렇게 부산은 조만간 철도가 열리고 항구의 교역량이 늘어남에 따라 극히 중요한 도시가 될 수밖에 없다. 이런 전망에서, 일본인은 철도 인근의 요지를 확보하는 데 성공했다. 종착역 부근과 시내 중심가에 상당한 규모의 일본인 거류지가 들어섰다. 그 주변에는 신축 건물들이 빠르게 늘어나고, 넓은 도로가 건설되고 있었다. 그 주위로 목재 가옥들이 들어서면 시내 중심가는 지금보다 두 배로 커질 것이다. 이제 조선인을 비롯하여 그 누구도 이곳의 주거지나 상가 부지를 구입할 수 없다. 모두 일본인 손에 넘어가고 말았기 때문이다.

한국에서는 황제의 포고령이 자주 떨어지는데, 그런 것에 의해 외국인의 토지 구입을 금하고 있다. 그러나 이 흥미로운 나라에서 이런 포고는 다른 법령들과 마찬가지로 실질적인 효력이 없는 듯하다. 일본인은 서울에서 부동산의 3분의 1가량을 소유하고 있다. 또 제물포의 절반과, 여타 대소 도시들의 상당 부분을 소유하고 있다. 한국인은 대체로 궁핍에 시달리면서 앞날을 예상하지 못하는 편이다. 항상 돈을 빌릴 생각뿐이다. 사정이 어떻든 그렇게 할 태세다. 가령 500엔을 빌려주겠다는 사람을 만나면, 그런 유혹을 절대 뿌리치지 못한다. 가옥과 토지는 명의를 이전할 수 있다. 토지소유권은 (저당 잡힐 경우) 법에 따라 대부자에게 돌아간다. 예컨대, 어떤 한국인이 6개월 대부에 동의한다. 아무런 대비도 없이 그저 만기에 갚겠다고 약속한다. 만기일이 지나면, 일본인은 담보로 잡고 있는 물건의 소유주가 된다. '돈을 마련하지 못하셨군요?' 일본인 쪽에서는 되레 큰 이익이 남을 것이므로 내심 만족스러워한다. 그는 얼마 후 그런 집으로 쳐들어가 경찰을 불러 한국인 가족을 쫓아낸다. 상황이 이러니 한국 사람이 일본인을 증오하게 된다고 해서 놀랄 일은 아니다. 하지만 미워한들 어쩔 것인가? 일본인은 정착하기 위해 들어왔을 뿐인데. 그들은 주인이 되려고 하며, 사실상 지엄한 주인이다.

이 대목에서 흥미로운 질문을 떠올리게 된다. 결국 한국은 누가 차지할 것인가? 러시아인가, 일본인가? 결정적인 질문이다. 장차 극동에서 벌어질 충돌의 불씨다. 종군기자들에게 한반도는 특별히 관심이 쏠리는 지역으로, 아마도 가까운 장래에 격렬하고 결정적인 싸움터가 될 것이

한국 시골 마을의 정경

다. 현지에서 의견을 들어보면, 일본인이나 또는 그들 편으로 기운 사람들은 한국이 다른 어떤 나라가 아닌 일본의 통치를 받게 될 것이라고 단언한다. 러시아인이나 그들에 우호적인 사람들은 한국이 절대 일본에 병합되지 않을 것이라고 확신한다. 이 사람들에게 '러시아가 한국을 차지할까요?' 라고 물어보면, 어깨를 으쓱하면서 빈정대는 눈초리로 은근히 그렇게 되기를 바랄 것이다. 러시아인들은 기다릴 수 있다. 어떻게 기다려야 할지 알고 있다. 또 그 보상으로, 이 지역도 그들 손에 굴러들어갈지 모른다.

만주의 면적은 정확히 일본의 두 배다. 러시아의 만주 병합은 외교적으로 허풍을 떠는 속임수의 개가였다. 서구인들은 그런 국제적인 포커 게임에서 러시아가 횡재를 할 줄은 꿈에도 몰랐다. 만주의 광물자원은 개발된 일부로만 보더라도 실로 무진장하다. 20세기 전반기에 과거 인도에서 런던으로 보낸 것 이상의 막대한 부를 페테르스부르크[지금의 상트페테르부르크] 항으로 실어다줄 만한 곳은 만주 이외에는 어디에도 없다.

모방에 능한 일본인은 러시아가 만주에서 걸었던 길을 한국에서 따르고 싶어하는 듯하다. 이곳에서 그들의 사례를 쫓고 있으니까. 일본인이 상대적인 우월감을 가질 만한 것은 그들의 정보당국이다. 이들은 첩보전에서 러시아인을 쉽게 따돌릴 수 있다. 일본은 만주에서처럼 한국에서도 페테르스부르크 못지않게 모든 정보를 입수하고 있다. 최근에 일본은 여러 나라에 대한 정보가 대단히 풍부한, 특히 오래전부터 전쟁터였던 지역을 포함한 대지도를 완성한 것으로 보인다. 바로 러시아가 손에 넣을 수도 있었던 곳들이다.

한국에 주둔하고 있는 일본 병사들

일본 야포대

누가 한국을 차지할 것인가?

그럼 백인의 정의관과 상식의 관점에서 상황을 검토해보자. 우선 일본이 승전〔청일전쟁〕의 법칙에 따라 소유권을 확보한 여순을 다시 내놓게 된 사실을 우리는 잊지 말아야 한다. 오늘날의 여러 실질적 압박 속에서, 한국인은 정의가 힘에 맞서기 어려운 이 복잡한 세상에서 독립적으로 살아갈 수 없다. 식량 문제에서 일본은 한국에 상당히 의존한다. 러시아는 누가 뭐래도 영토가 넉넉하다. 그러니 왜 일본이 한국을 갖고 싶어하지 않겠는가? 서구 문명을 자랑스럽게 만든 것과 같은 진보가 러시아가 직접 통치하는 만주보다 일본의 영향 아래 있는 한국에서 상당히 두드러진다. 넓고 깨끗한 도로, 철도, 전신, 전기, 상하수도 등 바로 이런 것을 보상으로, 한국은 일본이 영토를 훔쳐가는 것을 묵인하고 있다.

일본은 철도를 보호한다는 구실로 한국에 1000명의 병력을 주둔시키고 있다. 한국군은 일본인의 감독 아래 재편성되어 훈련받고 무장을 해왔다. 사실 천황의 군대와 한국군 병사를 구별하기란 쉽지 않다. 일본인 신사가 내게 말했듯이, 다가올 미래에 대비해 훈련이든 제복이든, 한국군을 일본 군대와 똑같이 변화시킬 만반의 준비가 되어 있을 것이다. 앞으로 한국인은 실제 전투를 감당할 병사들을 양성하게 될까? 논란의 여지가 있는 질문이다. 하지만 군사훈련이 어떤 결과를 낳을지 알 수도 없다.

최근에 이곳에서 외국인 조계 팀과 한국인 병사 간에 흥미로운 사격 경기가 벌어졌다. 외국인 조계 팀은 매우 강했으며, 멋진 솜씨로 방아쇠를 당겼다. 이들 중 2명이 100점 만점에 95점을 얻었고, 솜씨가 떨어지는 사람도 그들에게 크게 뒤지지 않았다. 하지만 한국인 병사들이 그들

한국의 내기놀이

한국 시골집의 풍경

의 코를 납작하게 만들면서 좋아했다. 한국인 병사 셋 중 둘이 만점을 얻었다. 가장 형편없는 병사도 90점을 얻었다.

일본은 한국을 차지하기만 한다면 아마도 이 나라에서 큰일을 이룰 것이다. 한국인들은 스스로 이런 은둔과 고립에서 벗어나 진보를 택할지 분명한 입장을 밝히지 않고 있다. 그들은 향후 100년이 지나도 과거 1000~2000년 동안에 이룬 것과 비슷한 상태일지 모른다. 경제력에 의한 잠식, 그리고 철도나 전신으로 은근하면서도 거대하게 진행되는 정복은 더디지만 확실하다. 때가 되면 일본 군함이 시위를 벌이고 러시아라는 강국과 부딪치게 될지도 모른다. 어쩌면 러시아는 다시금 분주해지지 않을까!

부산에 이틀간 머물면서 근처 마을들을 찾아가보았다. 그렇게 원시적이고 불결한 주거도 보기 드물 것이다. 황토벽 집들은 그 사이로 길을 낼 노력도 하지 않고서 서로 기댄 채 이어져 있고, 도로는 구불구불하다. 멍석 위에 늘어진 모습으로 담뱃대를 빨면서 도미노 비슷한 놀이〔장기〕를 하는 남자들이 마을 공간을 주로 차지하고 있다. 여자들은 특히 남자들의 흰 옷가지를 세탁하느라고 바쁜 듯했다.

한국은 진보의 길로 들어설 것인가?

부산에서 제물포로 가는 길에 우리는 조난당한 일본 배의 선원들을 구하게 되었다. 나흘 전에 대나무를 실은 소형 화물선의 돛대가 부러지면서 갑판과 뱃전을 쓸어버린 것이다. 딱한 처지가 된 선원들에게는 식수도

서울의 성벽

서울의 지게 행상

먹을거리도 없었다. 우리는 그들을 못 본 채 지나칠 뻔했다. 모두 여섯 명이었는데, 물에 잠기지 않은 선실 귀퉁이에 기대어 큰 깃대를 흔들며 우리에게 신호를 보내왔다. 그래서 그들을 구조할 보트를 보냈다. 보트가 돌아오려 하는 순간, 난파된 배로 한 노인이 서둘러 건너 들어갔다. 자기 우산을 찾으러!

제물포는 부산에 비해 유럽의 모습에 훨씬 가까웠다. 석재나 벽돌로 지어진 건물이 많고, 또 철도가 닿는 부두는 훌륭했다. 주민의 상당수가 일본인인데, 한국인과 흥미롭게 뒤섞인 모습이다. 주변의 고급주택은 모두 공관들로, 여러 나라의 다양한 건축술로 지었음을 알 수 있었다. 서울까지 가는 길은 낮은 구릉이 이어지며 따분했다. 후려치는 빗발 속에, 그보다 더 을씨년스러운 날씨도 없을 듯했다. 주민들은 옷차림 자체로 소나기를 피했다. 높다란 모자는 한국인들이 가장 아끼는 휴대품이라고 한다. 상투머리가 들여다보이는 반투명 구조로, 젖으면 완전히 망가질 수도 있다. 한국 사람은 소매 속에 부채처럼 접을 수도 있는 특이한 물건을 가지고 다닌다. 비가 오는 날에는 이것을 우산 대용으로 쓰기도 한다. 한국인은 기름 먹인 천이나 종이로 만든 겉옷도 갖고 다니며, 기름 먹인 종이로 만든 우산으로 온 몸을 안전하게 가리기도 한다.

철도는 서울의 성벽을 가로지르고, 남쪽 성문 밖에 그 종점이 있다. 그 옆에 한 호텔이 우아한 자태로 고독하게 서 있는데, 과거 선교사로 활동했던 이와 그 가족이 운영한다. 지난 몇 해 동안 이 호텔은 서울로 들어와 조계를 찾던 사람들 대부분이 동양인의 습관적인 지체를 참아내면서 근거지처럼 묵었던 곳이다. 이보다 더 큰 호텔도 한창 건축 중인데, 여행자들은 이제 곧 훌륭한 유럽식 호텔에 들 수 있게 될 것이다. 반면 부산에는 멋진 정원으로 둘러싸인 언덕 위에 아담한 일본식 호텔이 있다.

시내를 에워싸고 있는 성벽은 다른 유적들에 비해 한층 원시적인 모습을 띠는데, 중국에 있는 것과 비슷하다. 성내로 들어서면서 전차를 보았다. 아, 얼마나 엉뚱한 만남인가! 전차는 작은 정거장에 멈춰서 있었다. 승객들이 떼거지로 오르내렸다. 비 오는 날 피카딜리 광장에서 버스를 기다리는 사람들만큼이나 많았다. 한국 사람들은 전차를 편하게 이용하는 듯했다. 부설할 때는 완강하게 반대했지만. 전차가 떠나간 순간, 아뿔싸 나는 내가 거기에 올라타야 한다는 것을 잊고 있었다! 서울 거리는 중국 도시들의 거리보다 훨씬 뒤떨어졌다. 내가 용케도 자빠지지 않은 것은 나를 따르는 짐꾼이 기막히고 힘겹게 애써준 덕분이었다. 시내를 관통하는 큰길도 있다. 하지만 그 주변 골목들은 비좁고 뭐라 할 수 없을 만큼 지저분하다.

내가 도착한 주에는 황제의 즉위를 기념하는 대축제가 열릴 예정이었지만 가을로 연기되었다. 이 거창한 행사를 준비하는 데는 이미 8만 달러가 소요되었다. 관리들이 착복한 것을 제외하고도. 이런 액수는 얼마나 중요한가. 한국에는 해군이 없다. 한국은 외국 군함들의 인사에 답할 만한 형편이 못 되었다. 그래서 한국 정부는 16년 전에 건조된 낡은 영국 선박을 구입하여 군용으로 개조했다. 이렇듯 한국은 가능한 한 나라의 안위에 대비하고 있지 않은가!

사실 나와 동행한 관련 회사 대표는 그것을 손에 넣는 데 두 달이 걸렸고, 결국 액수를 상당히 줄이는 데 그런대로 만족해야 했다. 행사 주최측에서는 6만 달러를 연회장 꾸미는 데 썼다. 그러나 그 연회장이 날림으로 세워지는 것은 아닌지 극히 의심스러웠고, 이제 외국 공사들은 그

서울 성문 안의 전차

대한제국 황제

곳에 들어서지 않아도 되었던 것을 자축하고 있지 않은가! 유럽의 말과 쿠페(무개차)도 들여왔다. 하지만 어떤 외국산 자동차도 이곳의 고약한 노면을 견뎌내지 못할 것이다. 쿠페들은 현재 팔려고 내놓았다.

연회장에는 외국인들을 포함해서 500명을 초대해 거창한 가든파티를 열 예정이었다. 이런 의도에서 정자들을 세우려고 공사에 착수했지만 완공도 되기 전에 중단되었다. 시내의 모든 장식도 중간에 그만두게 되었다. 궁중에 수두가 퍼져 젊은 엄비의 아들 이은〔영친왕〕이 감염되었다는 발표가 나왔기 때문이다. 궁중에는 유럽인 전속 의사가 있었지만, 그는 진찰 부탁을 받지도 않았다. 그 대신 유명한 무당과 토착 한의사와 점쟁이들이 전국 각지에서 모조리 호출되었다. 궁중에서 완벽한 마법 경연장이 펼쳐졌다.

지체된 축제

수도에서는 무당들의 처방과 명령을 진정으로 따랐다. 모든 격한 움직임은 병의 못된 귀신을 자극한다고 여겨졌다. 따라서 파수들은 지쳐 떨어질 때까지 교대를 하지 않았다. 모든 일을 완전히 멈춰졌다. 그런 의사들은 망치 소리가 울릴 때마다 환자의 얼굴에 수두가 돋을 것이라고 주장했기 때문이다.

날씨는 한국 사람들에게 걱정거리가 아니었다. 매일 저녁 날씨가 어떻든 간에 수많은 하층민들이 궁궐 앞에 몰려들었고, 때로 돈을 내놓는 식으로 악귀의 노여움을 풀려고 나섰다. 이 가엾은 사람들은 괴상하고 다채로운 인간 군상이었다. 제국기를 들고 있기도 하고, 비를 막는 작은 갓을 들고 있기도 했다. 또 기름 먹인 종이 방수복을 입은 채 서 있기도 했다. 몇몇은 종이우산을 들었다. 그들의 헐렁하고 비에 젖은 옷은 침울하게 땅바닥에 끌렸고, 그렇게 서로 뒤엉킨 채 대문 쪽으로 밀려들었다. 천둥이 치고 소나기가 퍼부을 때는 큰 혼란을 빚었다. 시내의 거대한 청동종이 긴 간격으로 구슬프게 울려 퍼졌다. 이 세상에서 가장 큰 종이다. 이 종이 처음 주조되었을 때는 날카롭고 애절한 소리를 냈다고 한다. 점쟁이들이 이 종을 두고 점을 쳤는데, 주조 과정에서 살아 있는 아이를 집어넣지 않으면 종이 제대로 울리지 않을 것이라고 주장했다. 그리하여 종을 다시 주조하면서 끓는 주물에 아이를 집어던져 넣었다는 이야기가 전한다. 한국 사람들은 그때부터 종소리에서 아이의 울음을 들을 수 있다고 믿고 있다.

황실의 병이 비용이 많이 드는 축제를 훗날로 미루도록 한 좋은 구실이 되었다. 그 자금은 일반 민중에게서 거둔 것으로, 샴페인이나 외제 가구들에서부터 단 한 척뿐인 함선에 이르기까지 필요한 곳에 대부분의 돈이 쓰였다. 관리들은 자기 몫의 구전을 남김없이 챙겼고, 한 정보에 따르면 확보해둔 현금도 바닥이 나버렸다.

황실이 빠르게 몰락하고 있다는 소문이 나돌고 있다. 바로 이런 배경에서 황후의 시해도 가능했을 것이다. 이러한 비극적 상황은 기이하게도 세르비아 국왕 내외가 피살된 경우와 흡사하다. 궁궐에서 살해의 맹세가 나왔고, 수비대의 배신도 똑같다(충성을 다하다 목숨을 잃은 몇 사람을 제외하면). 비운의 황후를 찾아내 비수를 꽂았던 궁궐 내의 처절한 수색전도 똑같다.

아이 울음이 울리는 종

한국식 다림질

최근에 백의민족의 복식을 바꾸려는 움직임이 일고 있다. 그러나 그 칙령이 번복되어, 황제는 애도의 상징색인 흰옷을 착용하도록 명했다. 그러자 범죄에 복수를 하고 끝을 볼 때까지 흰옷을 입자는 데 온 민족이 만장일치로 동의했다. 흰옷은 이 이상한 나라의 놀라운 복장이다. 먼지 속이나 진흙탕 길에서도 쉽게 알아볼 수 있고, 이 순결한 옷이 널려 있는 것을 어디서나 볼 수 있으니까! 사실상 세탁은 거의 상시적이다. 다리미 대신 방망이를 끝없이 두드리는 소리, 옷을 매끈하게 만드는 그 소리를 들을 수 있다.

3장

고요한 아침의 땅

한국의 기생(무용수)

가까워진 유럽

시베리아철도는 괄목할 만한 효과를 낼 것이다. 우선 이 고립된 나라를 대외적으로 개방시킬 것이다. 이 철도로 17일하고 반나절이면 런던까지 갈 수 있다.

그런데 벌써부터 전신 서비스 문제를 놓고 러시아와 일본이 불화를 빚고 있다. 부산에서 서울까지의 노선은 일본인 소유다. 러시아는 다른 노선을 부설하고 있는데, 최근에 그다지 대단치 않은 제안을 내놓았다. 러시아 전신망 공사가 끝날 때까지 일본의 전신 업무를 중단해야 한다는 것이다. 또 한국 북부 지방의 삼림 벌채권을 둘러싼 의견 대립도 심각한 편이다. 러시아 쪽에서는 그러한 이권을 대한제국 황제가 러시아 공관으로 피신했던 1896년에〔아관파천〕 획득했다고 공언한다. 이 북서부 국경 지대의 삼림을 벌채하려는 목적에서 러청〔露淸〕은행이 지원한 회사가 설립되었다. 이런 투자를 위해 은행은 러시아에 큰 서비스를 제공한다.

은행은 정부의 명의를 빌려 운영되기 때문이다. 정부가 직접 나서서 운영한다면 기업들이 더욱 심각하고 거친 결과를 초래할 수도 있다.

러시아는 이런 구상을 따르면서(만주 철도 사업에서 그토록 실질적인 성공을 이끌어낸 방안이므로) 벌목꾼들이 군사적 보호를 받아야 한다고 주장했다. 도적이나 마적 떼로부터 보호한다는 명분이었다. 러시아 신문들의 급보에 따르면 그러한 무리가 그 지역에 출몰하고 있다는 것이었다.

일본인은 앞에서 말하는 벌목꾼들이 사실상 병사들이고, 그래서 별도의 무장 병력이 필요할 이유가 없다고 말하고 있다. 이는 작은 게임을 벌이는 것에 불과하다. 하지만 일본인은 이런 것까지 유리하게 활용한다. 철도를 지킬 군대, 벌목꾼들을 보호할 군대, 또 광산채굴권을 얻어낸다면 그때 가서는 광부들을 보호할 군대도 있어야 할 것 아닌가? 또 러시아인이 그 지역에서 어업권을 획득할 경우, 어부들 역시 군사적인 보호를 간청할 수밖에 없을 것이고, 그러면 해안을 따라 초병들을 세워야 하지 않을까? 러시아와 일본의 갈등이 차츰 심해지다 보면, 어느 날엔가 필경 벌목이나 전신망 구축 같은 별것 아닌 것으로 보이는 다툼이 급기야 심각한 위기를 촉발할지도 모른다. 여행자에게 이 두 강대국은 최악의 사태를 향해 맹렬하게 치닫고 있는 듯 보인다.

바로 이곳으로 관광객들이 닦아놓은 길을 벗어난 나라를 탐험하려는 사람들이 찾아올 만하다. 봄, 여름, 가을에 걸쳐 풍광이 매혹적이다. 기후도 마찬가지다. 주민들은 이방인을 환대하며 정중하게 대한다. 그렇기는 해도 방문객은 '안락'을 기대한들 소용없다. 바로 그런 까닭에 내기를 걸 만한 것 아닐까. 유럽인들이 아주 드물게 혹은 결코 찾은 적이 없는 지역을 주파하는 모험, 그 달콤한 시련을 견딜 만하니까.

그런데 어느 면에서 보면 이 소박한 민족의 관습은 대단히 선진적이고 복잡하며, 나름의 독창적인 문명의 자취를 간직하고 있다. 그래서 더욱 관심을 쏟고 연구해볼 만한 땅이다. 이곳에서는 중국 사람에게서 느껴지는 이방인에 대한 미움과 배타적이고 고약한 성격은 아예 찾아볼 수 없고, 있다고 해도 극히 드물다. 한국인은 친절하고 정이 많으며, 남의 일을 돌봐주기 좋아한다. '양반' 들도 이방인들에게 정중한 편이다. 이들 양반이라는 귀족은 매우 흥미롭다. 이들은 절대 아무것도 하지 않는다. 이들은 어떤 것이든 일을 한다는 사실(성가신 것에 신경을 쓰는 것)을 가장 못된 취미로 여긴다. 담뱃대조차 하인이 들고 다녀야 한다. 하인은 말고삐를 틀어쥐고 안장 위의 '양반' 을 모신다. 무슨 일이든 간에 움직여야 할 때, 이 훌륭한 주인에 행렬이 뒤따른다.

한국 무용수는 일본의 '게이샤' 와 거의 똑같다. 한국의 거의 모든 제도나 관습은 중국과 일본에서도 만날 수 있다. 이는 중국 문명이 한국을 거쳐 일본으로 건너갔다는 사실을 감안한다면 그야말로 당연한 일이다.

나는 이 매혹적인 나라의 일부를 흥미롭게 탐사하려 한다. 어느 날 나는 시내의 가게 한구석에서 한가롭게 담배를 피우고 있는 한국 사람들을 보았다. 물건을 사고 싶은 마음이 일어 거기에 있는 모자를 써보려고 하자 한 무리가 나를 에워쌌다. 이 구경꾼들은 마치 살아 있는 거울처럼 내 몸짓을 흉내 냈다. 내가 값을 묻자 벌써 여러 사람이 나서서 모자를 골라 주려고 했다. 가게 주인은 우선 12엔〔일본 화폐를 사용한 듯〕을 불렀다. 이런 호가에 주위 사람들은 조금 과하다는 듯 수군댔다. 나는 1엔으로 하자고 응수했다. 그러자 그 주인이 8엔으로 낮추어 불렀다. 나도 다시 몇 푼을 더 깎았다. 그리고 마치 다른 데 가서 사면 그만이라는 듯이 으름장을 놓으며 내 하인에게 4엔을 건넸다. 사람들도 내게 공감하는 듯, 내가 값을 깎을 때마다 환호했다.

결국 3엔으로 합의를 봤다. 사실 내가 단호하게 버티자, 주인은 마지막 시도로서 내게 목 밑으로 묶는 끈 값이나 더 내라고 제안했다. 주위 사람들은 이런 제안에 호응하는 듯했다. 그러고 나서 내가 그들 특유의 벙거지를 쓰고서 의기양양하게 자리를 뜨는 모습에 모두들 흐뭇해했다. 이 '고요한 아침의 땅' 사람들은 낙천적인 생활을 하는 듯하다. 그러니 선교사들이 이 인정 많은 민족과 더불어 나름의 소임을 다하기가 무척 쉽다고 한 말도 전혀 놀랍지 않다.

극동을 여행하는 사람이라면 누구나 가장 먼저 알고 싶어하는 것이 있는데, 바로 수천만 아시아인 가운데 한국에서 유달리 기독교가 빠르게 보급된 점이다. 그리스도 사후에 그 복음의 전도사들이 이렇게 많았던 적은 결코 없었다. 그리고 결코 이 정도로 에너지를 쏟지도 않았다. 교회와 학교 건립에 투입된 자금도 만만치 않았고, 교사들의 지적 능력 또한 이렇게 충실한 적이 없었다.

가령 일본의 인구를 4500만으로 치면, 그들을 유럽 종교로 개종시키는 데는 얼마간의 과도기가 필요했으리라 생각된다. 그들이 우리 서구인에게서 얼마나 많은 것을 흡수했는가! 그래서 만일 최근 30여 년간 상당수 일본인이 기독교로 개종했다고 하더라도 그리 놀랄 일은 아니다. 그러나 실제 사정은 이와 다르다. 사실 우리는 일본에서 그런 움직임을 인식할 수 없다. 한국으로 오기 전에 나는 일본의 한 지방 해안을 따라 여행했는데, 그곳에서는 과거 300년 이래로 여섯 명의 지방 영주[다이묘]와 그들의 모든 종복이 기독교도였다.

공식적인 강탈

부활절에 교회에 가보았다. 현지인들이 말하기를, 교회에 가보면 많은 토착 기독교도가 교회에 올 것이라고 했다. 하지만 실망스러웠다. 절반이 텅 빈 교회에서 나는 남자 여섯을 만났다. 해진 옷차림에 버림받은 듯한 사람들이었다. 나머지는 여자와 아이들뿐이었다. 목회자의 단순하고 설득력 넘치는 설교는 더욱 큰 집회에나 어울릴 것 같았다.

극동에서 기독교 개종자의 정확한 수효를 알기는 어렵다. 선교사들이 그런 개종자의 수를 어떻게 헤아릴 수 있을까? 세례식을 통해서일까? 하지만 많은 사람들이 교회를 찾아와 성경공부를 하고 세례를 받는 것은 숨은 동기 때문인데, 그런 동기가 반드시 기독교도가 되려는 것만은 아니라고 한다. 만약에 평생을 선교에 헌신한 대부분의 노인들에게 공손하게 물어본다면, 자신들이 열심히 선교했던 사람들 가운데 이를테면 진지하고 꾸준하게 진짜 개종한 신자는 두서너 명뿐이라는 말을 듣게 될 것이다. 그렇다고 선교사들이 보고한 통계치를 지나치게 악의적으로, 경직된 눈으로 판단할 일은 아니다. 또 개종자나 예비자의 수를 '의도적으로' 과장하는 유감스런 경향도 특별히 나무랄 것은 아니다. 선교사들은 이 가엾은 사람들의 실제 개종의 동기를 판단하려 들지 않는다. 진정한 과업에 평생을 바친 결과를 확신하는 것이 적어도 인간 본성이 아닐까?

어쨌든 사실을 분명히 하기는 해야 한다. 공정한 관찰자로서는 중국, 일본, 한국에서 기독교가 실질적으로 별 성과를 거두지 못하고 있다고 믿지 않을 수 없다. 물론 꾸준히 증가하는 수치를 보이는 곳이 있을 수 있다. 하지만 민중의 마음속에 기독정신이 살아 움직인다는 표시는 어디에 있을까?

극동에서 진지한 기독교도의 수는 비록 더디기는 해도 확실하게 줄어들고 있다고 주장하는 사람도 있다. 동양에서 기독교가 위세를 떨치던 시절이 있었음은 잘 알려진 사실이다. 8세기에 중국 황제는 신민들에게 네스토리우스 선교사들의 교리를 권장하는 칙령을 내리기도 했다. 프란치스코 하비에르〔16세기 예수회 선교사〕가 일본을 찾았을 때, 일본인 지도층 수백 명이 기독교를 포용한 바 있다. 그런데 지금은 한국, 일본, 중국의 지식층에서 단 한 사람의 개종자도 찾을 수 없다.

한국에서야말로 가장 유리한 조건에서 선교활동을 연구할 수 있다. 탄압은 사라졌다. 주민들은 천성적으로 온화하며 이방인을 배려할 자세가 되어 있다. 한국인 1300만 명에 선교사들이 거의 6만 명에 이르는데, 각기 다른 종파에 속하는 이들은 매년 꾸준히 늘고 있다. 일본과 중국에 비해 이곳에서 기독교 신앙에 하소연하려는 사람들의 마음을 이해하기란 어렵지 않다. 민중은 무거운 세금에 시달리며 하급 관리들의 압제에 여전히 짓눌리고 있다. 중앙 정부는 지극히 허약하고, 지방은 토호들로부터 조직적인 압박을 받고 있다. 그렇게 절망 속에 신음하는 민중은 무엇이든 숨을 돌릴 수단을 찾았을 때에야 비로소 행복해한다. 민중은 자신을 보호해줄 피난처를 구하며, 그것을 바로 기독교 선교사들에게서 찾는다.

과거 개신교 선교사였던 인물이 발간하는 정기간행물 『코리안 리뷰』 4월호에 다음과 같은 논설이 실렸다. "매년 수백 명이 개신교에 입교한다. 관리들의 억압을 피할 수 있을까 해서다." 이 불운한 사람들은 낙심하지 않는다. 이들은 그와 같은 억압을 견뎌낼 수 있는 힘을 얻을 뿐만 아니라, 이웃과의 모든 시비와 송사에서도 선교단의 지원을 받는다. 또 만약에 그 선교사들이 궁궐 내의 유력 인사를 친구로 사귀게 된다면, 같은 교인으로서 향후 한자리를 차지하게 될지도 모른다.

여기서 솔직하게 밝혀야 할 것이 있다. [대한]제국 정부에서 지방 관리들은 토착 기독교도들에 대한 불평을 쏟아내고 있다. 이런 불평은 선교사, 신입교인들과 여타 주민들 간의 화목을 유지하려는 외국 공사들의 주목을 받자면 상당한 시간이 걸리고, 또 여러 교파의 개종자들 간의 분쟁을 해결하는 데도 시간 낭비가 많다는 것이다. 얼마 전에도 황해도에서 두 교회가 신입교인 확보 경쟁을 벌이다가 급기야 심각하게 충돌하기까지 했다. 이에 정부는 황실 감독관을 파견했다. 이 감독관의 보고서는 선교사들이 사사건건 지방관의 권력 행사를 방해하고 있다고 증언한다. 그러니까 선교사들이 주민들로부터 성당 지을 기금을 걷고, 심지어 체포령을 내리거나 처벌을 하기도 한다는 것이다. 보고서는 이렇게 이어진다.

"두세 군郡을 제외하고는 모든 지방관이 이런 압박을 견뎌야 한다. 그들로서는 손쓸 방법이 없다. 상황을 파악해보라는 황실의 명령을 받고서 나는 임무 수행에 나섰고, 매일 탄원하는 무리가 관청으로 밀려들고 있다. 외국인의 영향력으로 체포장이 발부되는 일도 다반사였다. 탄원자들을 이끄는 자들은 범보다 더 사납다. 그들 중 다수는 외국 총으로 무장했으나, 농촌 주민들은 겁에 질려 어찌할 바를 모른다. 상당수가 이미 붙들려 선교사에 의해 넘겨졌다."

사정이 어떤지 정확하게 판단하기는 어렵다. 제국의 감사관은 장문의 보고서에서, 선교사들의 문건과 전도활동을 하는 사람들의 문건을 구별하지 않았다. 예컨대, 죄수들에게 가한 고문은 유럽인 선교사들이 조장한 것이었다는 고해가 나왔다지만 그럴 가능성은 별로 없다. 물론 보고서에서 언급한 정황으로 보면 당연히 비난받을 일이지만 말이다.

그리스도가 한국에 온다면

만약 그리스도가 한국에 온다면, 바로 이런 것이 인류에게 자신의 평화의 메시지를 전하는 과정에서 생길 법한 사태라고 느낄 만하다. 선교사들은 원칙상 다섯 가지 고해를 한다. 그때마다 하느님을 부르는 이름이 다르다.

결과적으로 그런 이름이 다섯 가지 다른 신성을 가리킨다고 한국의 하층민들이 생각하는 것도 무리는 아니다. 그들은 또 선교사들이 자기 고장의 가장 훌륭한 주택에서 살고 있다고 여긴다. 내가 여행 중에 만난 어느 선교사는 긴 휴가를 맞아 아내와 아이들을 보러 스위스로 가는 길이었다. 그는 자신의 수입으로 가족들을 그곳에 보내놓은 상태였다. 그런가 하면 자신의 직분을 포기하고서 사업에 뛰어든 사람들도 있다. 그중 한 명은 이제 수도에서 승승장구하는 호텔의 주인이 되었다. 또 출판사를 차려 번창하는 사람도 있다. 이런저런 여담을 늘어놓자면 끝도 없을 것이다.

어쨌든 나는 내가 쓰고 있는 소재가 미묘한 문제라는 것을 잘 알고 있다. 뛰어넘을 수 없는 이상한 울타리 너머의 문제니까! 상당한 지위에 오른 사람들은 자신의 생각을 감히 드러내려 하지 않는데 이는 자신들의 발언이 사람들 사이에서 오도될까봐 그렇다. 특히 미국 선교사들 뒤에는 막강한 권력이 있다. 영국도 만만치 않다. 공사公使의 등에 '무신론자' 라든가 '불신자' 딱지를 아주 쉽게 붙일 수 있다. 이러니만큼 자신의 지위를 위태롭게 하기 않으려고 공개적으로 의견을 표명하지 않는 것을 이해하게 된다. 그렇지만 시험에 저항하지 못하는 종교라는 것은 따를 만하지 않고, 비판의 시련을 참을 줄 모르는 사제들의 말을 들을 필요가 있을까. 그러니 낮은 목소리로 수군대거나 고양이 잠을 깨울까 걱정하는 몇몇 선교사들의 그 특이한 감정은 어찌된 일일까?

선교사들의 규범은 성경 속에 단순하고 분명한 문체로 적혀 있다. 그들이 새로운 환경에 적응하는 데 복잡하게 얽힐 일이 뭐가 있겠는가! 우리는 지난날을 떠올려보아야 한다! 포함砲艦에 기독교 박해라는 소문을 고자질하는 우스꽝스런 짓, 이런 것이 '그분의 가르침' 이라는 말인가! 선교사와 개종자들의 이 대단한 치외법권을 완전히 폐지해야 한다. 또 개종자들에게 어떤 물질적 보상도 하지 말아야 한다. 직접적이든 간접적이든, 이런 미끼는 현재 동양에서 다양한 형태로 활용되고 있다.

최상의 성과를 거두는 선교사들일수록 어디 그런 식의 미끼를 쓰던가! 종교에 정치와 사업을 섞지 않아야 한다. "나의 왕국은 이 세상 것이 아니다"라는 말씀을 명심해야 한다. 매우 명민한 동양인들은 우리가 종교를 실천하지도 않으면서 설교나 하고 있다는 사실을 빤히 알고 있다. 교양 있는 계층에서는 단 한 명의 개종자도 나오지 않는데, 어찌 놀라지 않을 수 있을까? 그들은 몇몇 선교사의 순교를 자신들의 고장을 약탈하고 윽박지르려는 구실로 삼거나 사과를 받아내려는 대중선동의 수단으로 보고 있는데! 그런데 만약 그리스도가 지금 여기 한국 땅에 온다면, 자신의 교훈을 모두가 잊지 않고 있다고 여길 것이다. 그는 옹색한 초가집을 찾아, 여러 해 동안 두 부인이 자신에 관한 이야기를 하고 있는 것을 볼 것이다. 또 이웃 사람들이 그녀들을 사랑하고, 그녀들을 찾아 기도하러 드나들고, 이 은둔의 왕국이라는 낯선 나라에서 '은자'가 되어 있는 줄 알게 되지 않을까.

내가 글을 쓰고 있는 이곳 옆방에서 쉰 줄에 접어든 한 남자가 강의를 하고 있다. 그는 스물다섯 살에 파리를 떠나왔다. 매일매일 그는 죽음처럼 단조로운 길을 걷고 있다. 그는 이 민족을 일으키려고 애써왔다. 이런 경우처럼, 길바닥에서 홍청대는 것과는 다른 삶이 있지 않은가! 이런 사람은 이곳으로 자유롭게 되돌아온다. 아무튼 이 사람은 이곳에 살고 있다. 이런 사람들에게 무슨 치외법권 같은 것이 필요할까! 전함을 보내달라고 간청한 외교관도 필요 없다! 이들은 자기 목숨도 걱정하지 않는다. 이미 바쳤으니까. 또 매일 두 팔을 벌리고서 지극한 희생의 기도를 올린다. 이런 사람들의 생활을 보면, 그 영혼 속에 빛나는 자취가 새겨져 있다. 바로 이런 사람들이 멋지고 안락한 빌라에 사는 많은 사람들[선교사]을 벌충한다. 신성한 소명을 저버린 채 대단한 소득을 올리거나, 자기 정부를 철저히 의지할 수단으로 여기는 사람들이 얼마나 많은가. 작금의 제도를 완전히 포기하지 않는다면 극동에서 기독교가 참으로 진전을 거둘 수 있을지는 알 수 없다. 광동의 한 선교사는 만일 개종자들에게서 일시적인 모든 혜택을 박탈한다면 최소한 신도의 5분의 4를 잃고 말 것이라고 했다. 그러면서 그 나머지 5분의 1을 좋아하게 될 것이라고 덧붙였다.

지금은 이 문제를 진지하게 생각해볼 때이다. 공갈이나 극단적 애국주의에서 벗어나 논의해야 한다! 만약 우리가 이 민족에게 그리스도의 종교를 가르치고자 한다면, 옛 사도의 방법으로 되돌아가야 한다. 만약 선교사들이 점령군과 그들의 문명이 쇄도하기 전에 그 선봉대가 되기를 바란다면, 만약 우리가 우리의 신앙을 이 민족에게 억지로 떠안기려 든다면, 만약 우리가 이들을 신앙에 복종시키려고 거칠게 대한다면, 만약 때에 따라 선교사들이 주민들을 끌어들이고자 자신을 살아 있는 미끼로 써야 한다면, 그것은 참으로 가상한 일 아닐까! 우리의 방법과 정치는 너무 짝짜꿍이 잘 맞아 탈이다! 그것이 과연 "나의 왕국은 이 세상 것이 아니다"라고 말한 분의 방법일까?

4장

대련, 시베리아철도의 상업적 종착지

건설공사가 한창인 대련

시베리아철도의 종착역, 대련

나는 귀국해서 여행 이야기를 할 때마다 주위에서 대련이 어디냐고 묻는 소리에 놀라곤 했다. 그러나 잠시 생각해보면 놀랄 일도 아니다. 대련은 지리책에 나타나지도 않고 최근의 지도에나 표시될 뿐, 사실상 생긴 지 3년밖에 안 되었으니까. 현재 대련이 자리 잡은 땅은 나무 한 그루 없는, 대련 만 연안의 넓은 황무지였다. 러시아 황제는 사카로프 장군에게 손가락으로 지도의 한 점을 가리키면서 이렇게 말했다. "짐은 당신이 여기에 도시를 세우길 바라오." 그렇게 말하고서 황제는 장군을 도시 건설 현장으로 파견했다. 나는 대련 총독이 된 사카로프 장군을 만나는 기쁨을 누렸다. 항상 자기 일을 완수하느라고 바쁜 사람이다. 대련의 러시아명 'Dalny' 는 '머나먼' 이라는 뜻이다. 그러나 이 먼 곳은 그렇게 멀어 보이지 않는다. 이제 모스크바에서 열사흘하고 반나절이면 올 수 있다. 또 북경에서 유럽까지 가려면 대련을 거칠 필요도 없다.

호텔을 나와 곧장 이어지는 길을 따라가보면 눈을 비비고 싶어진다. 팔도 꼬집어보고, 정말이지 만주 초입에 이런 길이 있는지 의심스럽다. 3년 전만 해도 울퉁불퉁하게 방치된 땅이었을 뿐이니까. 거리는 안식일에 런던이나 글래스고 변두리의 멋진 동네를 보는 것 같다. 길가에 3~4층 집들이 들어섰다. 견고한 벽돌로 짓고 정면은 석재로 올렸다. 집집마다 뜰이 있고, 담과 철책을 둘렀다. 건축 양식이 다양하지는 않아도 멋진 집들이 보인다. 어쨌든 건물이 모두 육중한데, 안을 들여다보니 매우 안락했다. 도로에 자갈을 깔았고 지붕은 석재로 테를 둘렀다. 일요일에는 거리가 한산하고 고요하다. 도시인 게 분명한데 주민들은 모두 어디 있을까?

나는 거리를 거닐면서 관청과 묘목을 심은 공원, 놀이터, 클럽 등에 감탄했다. 대련에는 클럽이 세 곳 있다. 하나는 노동자용이고, 다른 하나는 관리와 회사원 등을 위한 것이다. 그중 관리를 위한 곳이 가장 멋진데, 총독과 군 고위 지휘관들 및 관리들이 보통 하루 일과를 마치고 가볍게 한잔하면서 회동하는 장소다. 이 클럽에는 특별한 규칙이 있다. 만약 회원이 회동 시간에 출석하지 않으면 벌금을 내야 한다. 극장도 하나 짓고 있고, 시내 북쪽에 큰 공원도 조성되고 있다. 하지만 최고의 대형 공사는 해변에서 벌어지고 있다.

대련은 시베리아철도의 종착역이다. 이 도시의 존재 근거도 여기에 있다. 현대적 기술로 성취할 수 있는 모든 것에 힘입어, 대련에는 열차에서 선박으로 상품을 신속하고 경제적으로 이송할 수 있는 완벽한 설비가 갖추어졌다. 여객용 역은 도심에 별도로 있지만 길게 이어진 화물열차는 제방을 따라 들어선다. 제방은 한 덩어리가 50톤에 달하는 육중한 콘크

리트 자재로 건설됐고, 상품창고로 사용할 수 있도록 곤돌라가 붙은 넓은 철재 격납고가 있다. 부두와 격납고는 전등으로 환하게 밝혀졌고, 기중기 등은 중앙발전소에서 공급하는 전기로 가동된다.

부두 한쪽에는 항구의 기능을 더욱 개선시킬 보강 둑을 쌓았다. 선거船渠 공사도 하고 있다. 한 곳은 이미 끝났고, 다른 곳도 한창 순조롭게 진행되고 있었다. 이 방대한 공사에 필요한 펌프는 중앙발전소에서 끌어온 동력으로 움직인다. 나는 기자재 수리도 하고 동력도 공급하는 발전소와 공장을 찾아갔다. 현지 관리소장에게 '이곳 망루와 기계에 중국인들만 매달려 있는 것 같은데 어찌된 일이냐' 고 묻자 그는 이렇게 답했다. "그 사람들이 러시아 사람들보다 일을 훨씬 더 빨리 배우고, 복잡하고 까다로운 기계도 잘 다뤄서 안심이 되니까요. 그 사람들은 건강한 데다 행실도 바릅니다." 이들의 결함이라면 보수가 높다는 점뿐일 것이다. 이들은 번번이 무단휴가까지 내기 시작했다.

발전소는 대련에서 가장 흥미롭고 경이롭다. 아시아를 통틀어 이처럼 규모가 큰 전력설비도 없을 것이다. 나는 이 분야에 통달한 영국인 전문가와 함께 그곳을 찾았다. 비록 세세한 것을 알 수는 없지만 그가 이 공장이 돌아가는 모습에 감탄한 것을 보았다. 모든 것을 러시아에서 제작했다. 그는 이렇게 말했다. "우리 동포들을 데려다가 보여주고 싶군요. 이제는 우리가 눈을 떠야 합니다." 현재는 발전기와 보일러의 절반만 가동중이다. 그러나 건물은 여유 있게 지었고, 필요할 경우 증설할 수도 있다. 사방에 거대한 구조물들이 완공되어 대규모 수리가 가능하며, 동력은 중앙발전소에서 공급된다.

반면 새 호텔이 절실하다. 기존 시설은 줄곧 만원이라 손님이 방을 잡

시베리아철도의 황해 종착역

기 어렵기 때문이다. 이렇게 급속히 발전하는 도시에서는 깊이 생각할 시간이 거의 없다. 거리에 상점이 없다는 것도 놀라웠다. 잡화점 단 한 곳뿐이다. 최근에 상업용지를 불하했으므로 오래지 않아 보게 될 것이다. 그런데 이런 불하가 대련의 미래를 흐려놓는 것처럼 보이기도 했다. 당국은 단위 부지에 높은 가격을 매겼고, 낙찰가는 평방 사젠 당 평균 25루블이었다〔1사젠=2.133미터〕. 첫날의 분양은 순조로웠다. 최상의 조건으로 받으려는 경쟁 덕분이었다. 그러나 나머지 사흘간에는 공급이 부진했다. 일부는 미분양되기도 했다.

부동산 투기

중국인 거주지의 거리는 다른 어느 곳보다 활기에 넘쳤다. 길가에 이어지는 단층짜리 작은 집들은 중국인, 러시아인, 그리고 '어디든 빠짐없이 나타나는' 일본인 가게였다. 대련은 입지가 불리하다. 주변은 가파른 땅이다. 넓고 평탄한 해안 구릉 위로 나무 한 그루 보이지 않는다. 하지만 이런 자연적 약점을 보완하려는 러시아인의 열성이 대단함을 인정해야 한다. 모든 시련에 힘차게 맞서면서 그들은 구릉을 묘목으로 뒤덮어 우거지게 했다. 〔러시아 정치인〕 비테 씨는 황제께 올린 보고서에서 이렇게 말했다.

"진정한 진보는 몇 해 동안이 아닌 몇 세기에 걸쳐 일어나게 될 것입니다."

이런 '구호'를 산비탈이나 길가에서 볼 수 있다. 건물들과 큰 다리에서도 볼 수 있다. 거리에는 둥근 철재 울타리를 두른 보호수들이 늘어서 있다. 몇 해 안에 대련에서 대로들도 볼 수 있을 것이다.

영국인이나 미국인이 이런 도시에 관심을 보이지 않는다는 것은 놀라운 사실이다. 시내를 통틀어 대여섯 명도 안 보인다. 이곳에는 미국 영사관이 있다. 하지만 이 도시의 괄목할 만한 신장세에 비추어보건대 다른 나라들도 들어오는 것이 바람직하다. 이곳에서 12시간 거리 떨어진 연대의 영국 영사는 최근에야 대련을 처음 방문했다. 그는 자신이 직접 확인한 것에 놀라고 감탄했다.

그런데 왜 '업무'를 내세워 일찍이 대련을 찾아오지 않았을까? 이 도시가 그의 코앞에서 건설되고 있었고, 수많은 기계설비와 영국 회사들도 확실하게 공급할 수 있는 모든 것이 필요했었는데 말이다. 이와 관련해서는 영사관의 소임을 따질 수밖에 없다. 이런 시장이 실재한다는 것을 세심히 살피고 알려야 했다. 그런데도 이 도시가 건설되고 사실상 모든 것이 마무리되고 나서 3년 뒤에나 찾아오지 않았던가!

대련에는 회관과 요트 클럽이 있다(요트는 둘 또는 셋). 한번은 그것을 타고 바다에 나가게 되었다. 주인은 소퍼 씨라는 친절한 영국인이다. 먼 타국에서 이렇게 싹싹하고 쾌활한 사람을 만난다는 것은 무척 기분 좋은 일이다. 만灣은 요트로 유람하기에 매우 이상적이다. 대련 만을 둘러보는 것은 정말이지 황홀한 산책 코스다. 어쨌든 대련이 내세울 강점은 무엇보다 날씨가 좋고 공기도 맑아, 주민들에게 진정한 활기를 준다는 데 있다. 철도뿐만 아니라 이웃 도시와 자주 왕래하는 배편이 있어 생활비도 많이 들지 않는다. 게다가 대련은 자유무역항이므로 사치품도 저렴한 편이다. 사치품은 사실상 극동에서 생필품이 되어가고 있다.

대련에 전력을 공급할 채비가 갖춰진 발전소 내부의 모습

현재 특급 열차는 대련에서 주 2편이 출발한다. 화요일과 토요일 저녁 11시에 각각 출발해서 13일 후인 월요일과 금요일 1시 30분에 모스크바에 도착한다. 그 여로는 8110킬로미터에 이른다. 일등석은 260루블, 이등석은 166루블 50코페크다. 그래서 이 노선이 이제 곧 극동을 왕래하는 여행자들에게 큰 인기를 끌 것으로 보인다. 그렇게 되면 대련은 '머나먼' 이라는 그 이름의 본래 뜻을 잃게 되리라.

이 도시 자체는 기본적으로 연대에서 건너온 중국인들이 건설공사를 맡아 했다. 대련으로 들어온 5만의 중국인 인력은 대부분 다시 시베리아의 철도부설 현장으로 가서 일한다. 이들의 급료는 우리 눈에는 미미해 보이지만, 평상시에 보통의 인부들에게 지급되는 액수보다는 상당히 높은 수준이다. 그들은 일당 40코페크를 받는다. 다만 지역에 따라 60～70코페크를 받기도 하고, 20코페크에 불과한 곳도 있다.

원주민들로서는 돈을 벌 기회가 많다. 또 이들을 상대로 돈벌이를 할 만한 일도 적지 않다. 중국의 거래 관행에 익숙한 변호사나 철도 직원 등에게 무슨 일을 의뢰하려면 수수료 명분으로 얼마나 많은 뇌물이 필요한지 현지 사람들은 잘 알고 있다. 그렇지만 중국인도 러시아인에 비하면 서투른 신참일 뿐이다. 러시아인은 그런 문제에서라면 닳고 닳은 재주꾼들이다. 러시아에서는 부패를 모르고 어떤 선물이나 구전도 챙기지 않는 사람은 단 한 명이라는 점을 인정한다. 바로 황제뿐이다. 물론 그런 사람들이 상당수 있을 것이다! 하지만 나는 이 미묘한 문제를 강조하는 러시아인이나 외국인의 목소리를 들은 적이 전혀 없다!

시베리아철도에 명목상 투입되는 방대한 예산 가운데 얼마나 많은 자금이 이 노선의 발전을 위해서가 아니라 기술자, 변호사, 관리들의

대련의 연병장

대련의 행정지구

주머니 속으로 들어갔는지 정확하게 안다면 무척 재미있지 않을까! 대련 주재 영국 기계회사 직원의 말에 따르면, 그 전날 밤에 판매한 기계들이 그다음 날에 상해에 가 있었다고 했다. 그는 중국 화폐〔兩〕로 거래했다. 구매자는 러시아 관리인데, 가격을 흥정하고 나서 청구서를 같은 액수의 루블로 작성해달라고 했다. 냥(tael)은 1.8실링이고 루블은 2.2실링이므로, 차액은 관리 몫이 된다. 이런 비리 체계는 수많은 가지를 친다. 어떤 상인은 '당신 물건을 실을 열차가 굴러가도록 바퀴에 기름칠을 해야 한다' 면서 철도 직원이 금품을 요구해와 그에 응할 수밖에 없었다고 한다!

새로 들어선 군 기지와 요새

내가 현지에 머무는 동안 총독과 고위관리들은 대련이 순수한 상업도시가 될 것이라고 설명했다. 즉, 그들은 대련을 만주의 상해처럼 만들어, 자신들이 불하한 부지에 여러 나라 사업가들이 입주하기를 바란 것이다. 그들은 또 대련이 군사기지는 결코 될 수 없을 것이라고 강조했다. 여순이 시베리아철도의 군사적 종착지라는 것이다. 대련은 상업적 종점이고. 그러나 여순에서 쿠로파트킨 장군이 주재했던 회의를 보자. 그 결과는 대련을 요새화한다는 평가였다. 이곳으로 1만2000명의 군인을 파견할 준비를 하고 있다. 러시아인의 말을 믿기 어려운 탓에, 대련에서 사업을 벌이고 부지를 매입하고 자본을 투자하려는 대부분의 외국인은 내심 주저하게 된다. 대련이 자유무역항으로 남을 것이고 또 외국인이 정착하는 데도 모든 편의를 제공할 것이라는 그들의 설명이 그럴싸하기는 하다. 하지만 모스크바 사람들에 대한 불신감이 있다. 과거의 경험 때문이다. 또 이런 생각을 지우기도 어렵다. 블라디보스토크의 경험은 얼마나 불쾌한 경고인가!

5장

여순, 시베리아 철도의 군사적 종점

여순 총독과 그 부하들

승차 거부

밤중에 여순에 도착한 우리는 항구로 들어서지 못했다. 우리 배는 외항에 닻을 내렸다. 아침에 우리는 좁은 만 오른쪽에 수직으로 높이 솟은 어마어마한 절벽과 맞닥뜨렸다. 여순은 산티아고와 비슷하다. 여순은 세계에서 가장 견고한 천연 요새에 들게 되었다. 러시아인은 우리가 지브롤터에서 그랬듯이, 이곳의 입지적 이점을 충분히 활용했다.

닻을 올리고 입항하려 한 순간, 러시아 해군사관이 우리 배 갑판으로 올라와 함대가 작전을 개시하려던 참이니 오후까지 기다리라고 했다. 잠시 후, 순양함 등의 함대가 좁은 만 어귀로 빠져나가 외항에 일렬로 정박하기 시작했다. 선두의 전함에서 함장기艦長旗가 나부꼈다. 다른 함선들이 그 앞으로 통과하며 경례를 올렸다. 깃대를 꽂은 부표 두 개가 그 바깥쪽에 떠 있었다.

한 시간쯤 온갖 신호를 교환하고 나서 함선들이 하나씩 닻을 올렸고,

여순, 요새의 이면

전속력으로 떠나면서 수평선의 다른 지점들을 향해 부표 사이로 빠져나갔다. 그 뒤로 항구 어귀를 벗어나며 남긴 구름덩어리들이 부채처럼 펼쳐지며 솟아올랐다. 그 구름은 함대가 떠나고 나서도 한여름의 허공에 한동안 조용히 떠 있었다. 세 시간이 흘렀다. 어떤 배들은 부표 사이를 통과해 돌아나갈 때, 어떻게 해야 할지 모르는 모양새로 내달렸다. 러시아 해군을 잘 아는 영국인 기술자가 한 말로는, 러시아인은 기계를 다루는 솜씨가 매우 단순하다고 한다. 그들은 선박을 운항한 지 1년이 지나도록 처음의 속도도 제대로 내지 못한다고 한다.

오후에 입항 허가가 떨어졌다. 드디어 항구의 좁은 관문들을 거치며 러시아가 확보한 난공불락의 엄폐 기지를 보게 되었다. 요새뿐만 아니라 연발포대와 어뢰기지, 그리고 통신장비를 갖춘 건물들도 보였다. 이는 분명 항구 어귀에 기뢰를 부설했다는 증거였다. 항구의 우측, 요새 깊숙한 곳에서는 더욱 중요한 공사가 한창이었다. 완전히 지브롤터를 옮겨놓은 듯한 바위 꼭대기에서 중국인 일꾼들이 마치 푸른 점들처럼 움직이고 있었다.

언덕이 항만을 둘러싸고 있고, 그 위의 요새들에는 12인치 포 32문, 6인치 포 50문, 연발포 60문을 거치했다. 강력한 등대들이 항구 어귀와 후방의 요새들을 내려다보고 있다. 항구 어귀의 돌출한 절벽 위에는 무선통신설비가 가설되어 있어, 수비대는 멀리 난바다에 떠 있는 함정과 교신할 수 있다. 나는 입항할 때 항구에서 10척의 순양함과 전함을 보았고, 또 30척의 구축함과 수뢰정을 보았다. 이것들과는 뜻밖의 장소에서도 계속 마주쳤다.

항구는 작은 편이다. 그렇지만 서쪽 일대를 서둘러 확장했다. 준설선들이 간조 때도 일정한 수위를 확보하려고 분주히 움직이고 있었다. 이런 작업의 성과는 확실해 보였다. 이와 같은 공사가 마무리되면 러시아는 태평양에서 전에 없던 함대의 기항지를 갖게 된다.

배는 주위에서 삼판선들이 우글대며 몰려든 탓에 힘겹게 닻을 내렸다. 사람들이 우리 배에서 내리는 손님을 잡으려고 아우성이었다! 우리는 앞뒤로 닻을 내려야 했는데, 조류에 떠밀려 움직이는 배들 때문에 자리를 찾기 힘들었다. 부두에 내려서면서 이 모든 소동과 마주친 우리는 놀라자빠졌다. 여순은 이런 점에서 내가 아는 극동의 다른 어떤 곳과도 전혀 딴판이다. 사람들은 누구나 바쁘게 서두른다. 기운이 센 일꾼들은 떠밀고 소리치고 무거운 짐을 끌어당기는데, 그렇게 하면서도 성이 차지 않는 듯한 모습이다.

부둣가에서 코사크인들이 정크선의 줄을 풀고 있었다. 걸음을 옮길 때마다 러시아 병사와 금술 장식이 화려한 사관들과 마주치곤 했다. 사관들은 멋진 회색 반코트를 걸치거나, 총검으로 무장한 전투복 차림으로 동료들과 나란히 길을 걷는다. 중국인을 제외하면 모든 주민들의 옷차림이 비슷해 보인다. 5000명의 신병이 우리와 한날에 도착했다. 군인들은 자주 들어오지만 떠나는 경우는 드문 편이다. 실제로 대규모의 막사가 필요할 것이다. 기병으로 주둔할 의무가 있는 한 병사는 주변의 스물여덟 군데 요새 안에 새로 짓는 막사가 너무 많은 것을 보고 크게 놀랐다고 내게 말했다.

여순 신시가지에 건물이 들어서는 모습

여순에서 더욱 기막힌 일은 새로운 군사적 조치로 구시가지에 거주하는 상인들을 모두 그곳에서 소개시키라는 명령이 내려진 일이다. 그래서 모두들 그곳에 업소나 주택을 갖고 있지만 이것을 정부에 빌려주는 식으로 내놓고 있다. 그런 조치에 정부가 6개월 시한을 준다는 단서도 들어 있다. 결국 구시가지 전체가 거대한 병영으로 탈바꿈하게 될 것이다. 퇴거자들을 위한 신도시도 개발하고 있는데, 이런 사업은 도심으로부터 1마일쯤 떨어진 곳에서 맹렬히 진행되고 있다. 대련에서 했던 것과 똑같은 접근 방식과 규모를 이곳에서 볼 수 있다. 아직 공사가 마무리된 곳은 별로 없지만, 매일 높아지는 벽들을 보면 앞으로 어떻게 될지 벌써 짐작할 수 있다.

구시가지는 호텔들이 들어설 날을 침울하게 기다리고 있었다. 그렇지만 신시가지에는 꽤 훌륭한 호텔 한 채가 거의 완성되었다. 그곳에서는 애인과 함께 샴페인을 들이키는 사관들로 만원인 화려한 식당이 보였다. 새로 조성된 공원 한복판의 정자에서는 군악대가 아이들이 어울려 지켜보는 가운데 연주를 하고 있었다.

러시아인 특유의 이런 과감한 밀어붙이기는 인정하지 않을 수 없다. 러시아 사람들은 일단 어떤 일을 결정한 황제의 칙령이 떨어지면, 진보의 적인 관료제에 단호하게 대들어 그것을 꺾고 무력하게 만든다. 러시아인은 여순에서도 대련과 하얼빈[哈爾濱]이나 여타 만주지역에서처럼, 일시적인 정착이 아니라 '눌러 살려고' 건설을 한다. 장엄한 대성당은 보통의 가옥들을 압도하게 되겠지만, 아무튼 그런 집들보다 먼저 완공될 것이다.

여순에 들어선 건축물 양식의 한 예

건축은 주로 프랑스식이다. 장식에서는 '아르누보 스타일'〔19세기에 널리 유행했고, 철강과 유리 등 신소재를 이용한 디자인 혁신운동에서 나왔다〕이 지배적이다. 시내의 큰 식당에 들어가보니 온통 제복 차림의 사람들뿐이었고, 금광지역의 중심 도시라는 생각이 들 만했다. 어디를 가든 흥청대고 활력이 넘친다. 돈은 어렵게 번 것이 아니라면 금세 낭비하기 쉽다. 이곳에서는 그런 일이 당연하다는 듯 벌어진다. 대부분의 사람에게 이런저런 계약서는 사실상 금광이나 다름없기 때문이다.

요새가 자리 잡고 있는 언덕 위에서는 항상 소음이 들린다. 중국인들이 굴리는 무거운 수레가 내는 거칠게 덜그럭대는 소리였다. 그것은 마치 힘들게 수레를 밀고 끌고 휘청대면서 땀을 비 오듯 쏟는, 이 얼굴빛이 누런 사람들의 근육에서 울려나오는 소리 같다. 사람들은 의욕적으로 일을 많이 한다. 전에 없는 수입을 올리기 때문이다. 만약에 중국인이 남아프리카의 광산에서 그곳 카피르 족 대신 일했다면 그 생산성이 얼마나 달라졌을까!

번번이 보초에게 저지당하며 제한된 구역을 산책하는 사람이라면 얼마 전에 이곳을 찾은 쿠로파트킨 장군이 했던 말을 실감할 것이다. "여순은 이제 난공불락일세!" 정교한 지뢰 장치도 내륙 요새를 방어하는 중요한 부분이다. 이러한 요새들은 항구 초입의 방어진지들만큼이나 중요하다. 가령 일본과 전쟁을 치르게 된다면, 여순은 분명 해군기지로서 대단히 중요한 전략적 가치를 지닐 것이다. 당분간은 일본의 태평양 함대가 러시아 함대보다 우월하겠지만, 여순의 전략적 가치는 아마도 선전포고

이후에야 입증될 듯하다! 현재(1903년 10월) 아시아 해역에서 러시아는 함정 45척에 대포 999문, 그리고 1만3500의 병력을 거느리고 있다. 이제 곧 프랑스, 독일, 미국의 조선소에서 새로운 함정들이 쏟아져 나와 극동으로 향할 것이다.

대대적 몰수

한국의 하늘에도 전운이 짙게 드리우고 있다. 여순에서 있었던 최근 회합에서 여러 가지 내용이 결론지어졌는데, 그중 하나는 특히 다른 것들을 강하게 규정하고 있다. 러시아 황제는 극동에 자신을 대신하는 통치자를 두기로 했다. 새 부왕副王은 알렉세예프 제독이다. 그가 아무르, 만주 전역과 러시아 함대의 전권을 쥐게 되었다. 그의 발언은 극동에서의 러시아 외교를 크게 좌우하게 된다. 황제가 이런 조치를 취한 것은 전혀 놀라운 일이 아니다. 극동은 페테르스부르크에서 워낙 멀리 떨어져 있어 교신이 늦을 수밖에 없고, 그래서 당국이 신속하게 대응할 수 없기 때문이다.

지금도 선전포고나 주요 외교 사안을 제외하고는 사실상 부왕이 극동에서 황제 역할을 하고 있다. 우리로서는 그 부왕이 북경 주재 러시아 공사를 통제할지, 또는 이 공사의 행위가 제국 정부와 마찰을 일으켜 러시아의 정치 스타일을 연구해야 하는 사람들에게 더욱 깊은 수수께끼의 근원이 될지 알아보아야 한다. 이 새 러시아 부왕이라는 직책은 영국인의 눈으로 보면 커즌 경[보수당 당수로서 인도에서 부왕을 지냈다]의 직책

외바퀴 손수레를 끄는 사람들

여순, 노비 가로드가 모는 사륜마차

보다 상위에 있다. 우리 정부와 다르게 러시아 정부는 이 부왕에게 7년간의 임기를 부여한 것에 불평이 없다. 러시아인은 중요한 자리를 그렇게 조기에 내놓지 않는다. 그들은 제국의 큰 부분이 오로지 최상의 인물들을 위한 훈련장으로 쓰여야 한다고만 생각한다. 그들은 최대한의 역할을 발휘하고 나서 그 자리를 내놓는다.

지금까지 러시아인들이 그렇게 해서 얻은 결과를 보면, 새로운 권력 분점 아래서도 부왕의 행보는 얼마든지 활력을 띠고, 더욱 독립적이며, 추진력을 받게 된다고 믿을 만하다. 내가 이야기를 나눠본 러시아인 대부분은 부왕을 국방부 소속 인물로 간주한다. 가령 그들이 거짓말을 하는 것이 아니라면, 부왕이라는 존재는 장차 일본과 러시아가 격돌하게 될 개연성을 더욱 키우는 중요한 요소가 될 것 아닌가!

6장

다시 찾은 북경

북경 경마장의 모습

새 조계 구역

내가 뉴욕을 떠날 때, 신문은 온통 중국에서 장차 벌어질 난리에 대한 소문으로 시끄러웠다. 샌프란시스코에 도착하니, 이 소문은 더욱 확고해져 경고가 발령되었다. 마치 미국 신문사들을 빼놓고서는 전쟁을 벌이지도 않을 것처럼! 그러나 태평양 건너 맞은편에 닿았을 때, 이런 난리의 조짐은 약해 보였다. 뉴욕에서 호놀룰루까지는 '크레센도(점점 세게)' 였다가 호놀룰루에서 북경으로 오는 동안 '디미누엔도(점점 여리게)' 가 된 셈이다.

지난번 이곳을 여행했을 때 나는 조계에 전달할 짐을 걸머진 사람들과 함께 왔었다. 조계를 구할 임무를 띤 군대와 함께. 그런데 너무 변해서 이번에는 시내 일부를 겨우 알아볼 지경이었다. 열차는 영국군이 조계를 지키려고 진입했던 바로 그 장소에 승객을 내려놓는다. 그 입구에 '워터게이트, 1900' 이라는 시사적인 글귀의 현판이 걸려 있다. 이곳에

북경, 금단 구역의 연못

서 1900년의 조계 상황을 상기시키는 것은 더는 없다. 바리케이드와 잔해 대신 우아한 시설과 거대한 건물이 들어서고 아름다운 대로가 조성되었다.

조계 입구마다 여러 나라의 보초들이 서 있다. 새로 지은 가톨릭 대성당이 다른 건물들을 압도하며 솟아 있고, 많은 우체국이 여행객에게 기다리는 편지를 찾아 한나절을 이리 뛰고 저리 뛰게 하는 즐거움을 준다. 이런 외교적 도시가 중국에 있다고는 믿기 어려웠다. 수레와 짐꾼만이 여전히 북경임을 알려주었다. 북경에 도착해보니, 주민들은 한껏 들떠 있었다. 그다음 주에 경마가 열릴 예정이어서 그렇다고! 1900년의 난리〔외세 추방을 위한 의화단운동〕같은 것에 비해 올해는 별다른 화젯거리가 없는 모양인데, 이런 발상은 권위 있는 고견을 낼 만한 사람들이 보기에는 웃기는 것이었다. 미국에서 콜트먼 박사가 수많은 인터뷰를 했던 것도 앞서 말했던 여론에 경종을 울리려는 '시발점' 이었던 듯하다. 콜트먼 박사는 마치 자신이 '다가올 의화단의 난리를 공사들에게 예고했던 인사' 처럼 나섰다. 최소한 장관들 중 두 사람은 이런 예고를 받은 기억이 전혀 없다고 했다.

공사 한 명은 정확한 지적을 했다. "만약 콜트먼 박사가 그런 난리를 그렇게 확실히 예상했다면, 왜 자기 마누라와 아이들을 북경에 내버려두었겠소?" 나는 파비에 주교와 재회의 기쁨을 누렸다. 공사들에게 소동이 닥쳤음을 알렸던 사람은 바로 파비에 주교였다. 그의 의견 역시 1900년 사건의 재현을 예고하는 어떤 징후도 없다는 점에서 이곳 모든 사람들의 생각과 똑같았다. 외국인들은 위기감을 느낄 필요가 없었다. 영국 공사관의 대표 콩저 씨는 항상 '휴가 중' 이었는데 역시 같은 의견이었다

〔불어로 '콩제' 가 휴가를 뜻하는 것을 의식해서 '콩저' 를 비꼰 것〕.

파비에 주교와 서태후

파비에 주교는 황후〔서태후西太后〕를 방문한 적이 있다며 그 이야기를 내게 들려주었다. 황후는 통역의 도움 없이 손을 떨면서 말을 했다고 한다. "맹세하지요, 내가 살아 있는 한 이런 일은 다시없을 것이오." 눈물젖은 눈의 그녀는 떨리는 목소리로 격한 심정을 토로했다고 한다. 북경의 조계가 포위공격을 받고 그 여세가 궁궐을 향하고 있을 때, 이 비범한 여인은 무슨 궁리를 하고 있었을까! 경산에서 그녀는 조계를 내려다보고 있었으리라. 파비에 주교는 그녀를 인근 동산에서 우연히 본 적이 있다고 했다.

한번은 그녀가 총탄을 맞을 뻔했는데, 주교가 나서서 수비대에게 그녀를 쏘지 말라고 했단다. 그런데 이렇게 추측할 수도 있지 않을까? 그녀가 내심 의화단의 물결이 외국인들을 중국 땅에서 쓸어내는 모습을 보고 싶어했을 것 같다고. 그녀 자신이 그들과 한패거나 공모자는 아닐지라도 말이다. 매일처럼 이 노파가 "나는 감히 못 해. 그런데 나는 바라왔어!" 라는 두 마디 말을 되뇌는 처지는 극적이며 비극적이다.

맹목적이고 자폐적인 애국심에 불타는, 더구나 양귀洋鬼들의 힘을 잘 아는 남자들인 대신들 틈에서 그녀는 얼마나 많은 의견 갈등을 겪었을까! 사정을 되돌아보자. 중국이 영국이나 미국, 그 밖의 나라들과 겪은 일, 그리고 우리가 그 나라에 어떻게 해왔는지 상상해보자. 무장한 개종

천단天壇에서

주의, 병합, 그리고 우리 거류민의 침략을 말이다. 그런데 영국 땅에서는 중국인 이민을 금지하고 있지 않은가!

통찰력 깊은 여제는 봉기한 애국자들이 성공하지 못하리라는 것을 이해하고 간파했다. 또 그들의 완벽한 실패로 결국 북경을 떠나야 할 것이라고 예상까지 했었지만 그녀는 남았다. 연합군 기병이 더욱 민첩하고 적극적으로 움직였다면 그녀를 체포할 수도 있었다. 그녀와 대신들은 뼈저리고 깊은 교훈을 얻었을 것이 틀림없다. 앞으로 상당 기간 황실의 음모로 외국인을 추방하려는 진지한 시도는 없을 것이다. 그녀의 '취지'는 이제 이런 것이다. "과거를 잊자!" 서태후는 관대함을 보이게 되었다. 외국인에 대한 지금의 예절은 이전에는 볼 수 없었다.

이곳에서는 이런 생각이 무겁게 밀려든다. 만약 중국 스스로 일본처럼 바뀌고, 또 일본이 30년 전에 했던 일을 역시 하게 된다면〔메이지 유신〕, 그런 혁명은 지구상에서 전례 없이 거대한 사건이 될 것이다. 나는 그런 날이 올 것이라고 믿지만, 아직은 어떤 징후도 없다. 북경 중심에 자리 잡은 조계는 이 민족에게 무엇인가를 가르쳐줄 것이다. 조계 쪽에서는 최소한 그렇게 생각하고 싶어할 것이다. 그러나 그렇지 않다. 사실 중국인들은 훌륭한 길을 뚫고 있고, 거리를 밝게 비추고 있지만, 아직 대단한 것은 아니다.

이방인을 보는 중국인의 시선

중국인들이 외국인을 대하는 태도는 몹시 흥미롭다. 거의 놀라 자빠질

지경이다. 이런 태도에는 공격성도 반감도 없다. 바로 3년 전의, 조계를 공격했던 바로 그 사람들인데! 외국인은 어디든 갈 수 있다. 나는 숙녀들이 자기네끼리만 산책하는 것도 보았다. 파란 안경에 잿빛 머리카락, 손에는 안내책자를 들고서 아무 데나 돌아다니는데, 동양에서 자주 만나는 모습이다. 지난날 옹화궁雍和宮과 천단天壇을 개방했을 때처럼 말이다. 그렇지만 시내의 멋진 광경을 조망할 수 있는 경산에 대해서는 접근을 막고 있다. 나무들에 잎이 돋고 그 잎사귀 위로 황금으로 빚은 듯 찬란한 황색 기와의 궁궐 지붕들이 눈부시고 경이롭게 반짝일 때, 북경은 정말이지 매력적인 도시로 보인다.

어느 날, 나는 로버트 하트 경을 방문했다. 그 댁은 과거 전투가 벌어진 바가 있던 정원에 들어앉아 있는데, 의화단이 파괴한 주거지의 폐허 위에 신축한 것이었다. 그는 중국인으로만 구성된 20인조 악단을 운영하다가 해체했었다. 그러다 최근에 재조직하여 감탄을 금치 못할 만큼 그윽한 연주를 들려주었다. 로버트 하트 경은 그중 뿔나팔 연주자를 내게 소개하면서 이런 일화를 들려주었다. [조계가] 구출되던 날, 약탈에 굶주린 러시아 병사 한 무리가 이 불쌍한 나팔수 집에 침입했다고! 그는 자기 집이 노략질 당하고 파괴되는 것을 지켜보았다. 그러던 중 그는 갑자기 영감에 취해 러시아 국가를 연주했다. 그러자 병사들이 당황해서 멈칫하더니 서로 쳐다보다가 서둘러 도망쳤다. 이 젊은 음악가의 집은 그렇게 살아남았다.

북경의 이 새로운 사회[외국인]는 상당한 변화를 겪었다. 새로 들어온 사람이 늘어도 한 가족 같은 감정은 예전만 못하다. 소집단이나 파벌이 더욱 늘었다. 거창한 연회는 많아도 무도회는 거의 없고, 춤을 출 줄 아는 숙녀들이 시내를 통틀어 열대여섯 명에 불과하다. 그중 세 명만이 미혼이다. 조계 수비대의 수많은 장교들의 공급에 비해 수요는 딱할 만큼 부족하지 않은가!

훈련에 매진하는 병사와 경마에 빠진 사람들

북경에 들어온 여러 나라 병사들을 관찰하면 흥미진진하다. 독일, 일본, 프랑스 병사들이 가장 열심히 움직인다. 그들이 매일 아침 작전지역 연병장에서 훈련하는 모습이나 사격장으로 이동하는 것을 볼 수 있다. 그중에서도 독일 병사들이 으뜸이다. 다른 나라 장교들보다 더욱 진지한 독일 장교들은 일과를 마치면 대부분 중국어 공부를 한다. 반대로 미국 병사들은 한가하게 지낸다. 그들은 중국어나 중국문학에도 관심이 없다. 영국 병사들은 축구와 크리켓을 즐기며, 일본과 독일 병사들은 체조에 열심이다. 병사들에게 카바레 출입은 1회당 두 시간으로 제한되어 있었다. 조계 인근에 개업한 평판 고약한 카바레에서 이런저런 나라 사람들이 자주 싸움을 벌였기 때문이다. 선술집 같은 곳들이 시내에서 평화를 깨는 거의 유일한 장소다. 주민들은 일찍 잠자리에 들고, 10시가 넘으면 거리는 썰렁하다.

　한동안 모든 유럽 주민이 경마에 열렬히 빠져 있었는데, 이로 미루어 볼 때 북경이 계속 평화롭다면 이런 열기는 더욱 높아질 것이다. 시 외곽에서 몇 마일 떨어진 곳에 북경 클럽이 훌륭한 경마장을 세웠다. 매일 특별열차 편으로 다양한 국적의 숙녀들과 스포츠맨 무리가 경마장으로 쏟

북경 경마장의 대기소

경주가 벌어지는 북경의 경마장

아져 들어간다. 기차역은 국제적인 면모를 보였다. 꼭 끼는 제복 차림으로 어색하게 걷는 독일 사관들, 짧고 통이 넉넉한 바지를 입은 프랑스 기병사관들. 러시아 사관들은 회색 코트 일색이고, 영국 병사들은 카키색 제복 차림이다. 가장 그림 같은 모습은 클럽에 초대받은 중국 신사들이었다. 중국 신사들은 비단에 수를 놓은 민속의상 차림으로, 두어 명은 공작 깃털로 장식까지 했다.

고도古都의 성벽 아래 길을 따라 걸어온 사람들도 있었다. 조계에서 이곳까지 거리는 7마일이 채 안 되었다. 경마장에 다가갈수록 경마에 대한 주민들의 관심이 얼마나 뜨거운지 알 수 있었다. 런던에서 가까운 엡섬 다운스 경마장의 동양식 축소판임이 분명했다. 천막들이 즉석에서 설치되었다. 그곳에서 중국인이 미칠 듯 좋아하는 뭔지 알 수 없는 육류와 여러 나라 병사들이 마실 일본 맥주를 팔았다. 관람석에서는 외교 논의가 오가는 가운데 경쟁하는 분위기가 넘쳐흘렀다. 그러다가는 곧 조랑말의 '주력' 밖에는 관심이 없어 보였다.

대부분의 상은 영국인 소유의 말들이 따냈다. 영국 '대리대사' 타운리 씨와 수전 타운리 양이 특별히 운이 좋았다. 영국 병사들이 벌인 내기는 중국인의 도박 기질을 자극했다. 채찍도 없이, 박차도 가해지지 않은 채 달리는 마부 경주는 주민들을 열광의 도가니로 몰아넣었다. 수많은 내외빈 가운데 경마에 밝은 론스데일 경이 중국인 손님들에 둘러싸인 모습도 보였다. 훌륭한 점심은 보통 경마장 클럽 측에서 제공한다.

경주 자체가 재미있었다. 완강하고 고집스런 이 작은 짐승들의 동작에는 끝없이 긴장을 자아내는 가변적인 요소가 있었다. 인기 좋은 말 두 마리가 기수가 올라타는 것을 뿌리치며 끝까지 저항했다. 그중 한 놈은 도망쳐 알 수 없는 곳으로 사라졌다가 다음 날 아침에야 붙잡혔다. 이놈들을 출발선까지 끌어오는 것은 일종의 절망적인 싸움이었다. 그러나 일단 출발하면 열심히 달리지 않던가!

이 세상 어디에도 이곳 경마장만큼 국제적인 행사에 어울릴 만한 곳은 없으리라는 생각이 든다. 그런 자리에서 프로그램과 연필을 팔던 중국인 소년도 돋보였다. 어쨌든 운영위에서 경마를 훌륭하게 조직했다. 어떤 국제적 마찰도 없이 보낸 유쾌한 사흘이었다.

깊은 잠에 빠져 있는 거대한 북경

얼마 전부터 북경은 어느 도시에도 없는 먼지 폭풍으로 고생하고 있었다. 뜨거운 모래 먼지가 어디든 침투하고 모든 것을 건조시켰다. 이 황사는 올해 유난히 심해서, 그 끔찍한 한발이라는 자연 재해가 맹위를 떨치며 계속 재앙을 일으켰다. 몇몇 지역에서는 땅이 단단히 굳어 파종도 못 했고, 파종을 했더라도 수확을 장담하기 어려운 곳도 있다. 북경에서 해안에 이르기까지 모든 비옥한 땅이 마치 사막 같은 꼴이 되고 말았다. 주민들은 간절하게 비를 기원했지만, 비는 오지 않았다. 신전에 특별한 제물을 바쳤다. 새로 지은 가톨릭 대성당에서도 매일 신의 가호를 비는 예배를 드렸다. 황제께서도 친히 천단에 납시어 밤새도록 기우제를 올렸다. 그러나 그 의자의 비단 천을 뒤덮은 흙먼지 소용돌이가 화려한 양산을 흔들고 깃발을 더럽혔을 뿐이다. 마치 비웃고 조롱이라도 하듯이.

경마권을 들고 있는 소년

북경, 천단에서

그래도 다행히 황사 폭풍이 멈추었다. 마침내 마음대로 밖을 나다닐 수 있게 되었다. 어느 날 밤 10시경, 나는 숭문문崇文門 거리로 나가 대리석 홍예교를 지났다. 독일 공사 폰 케텔러가 〔의화단운동 때〕 살해되었던 곳에 세운 것이다. 거리에는 몇몇 식당만 여기저기 열려 있었다. 숭문문은 닫혀 있었다. 나는 성벽을 타고 올라갔다. 달빛이 장엄했다. 주변을 압도하는 이 넓은 길만큼 흥미로운 것도 없으며, 이 세상에 둘도 없을 산책 코스였다. 위대하게 버텨온 이 석벽에서는 뭔가 그윽하고 고상한 기운이 느껴졌다.

나는 어느 날 저녁, 한 아이와 함께 그곳에 갔다. "내려다주세요, 제발. 무서워요. 너무 크고 조용해요!" 아이는 분명 겁에 질린 것 같았다. 이상한 공포감이었다. 저 아래의 길거리에서는 사라지는 그런 공포감 말이다. 저잣거리에서는 을씨년스럽고 역겨운 사람들에 둘러싸여 걷곤 하지 않았던가. 이 야밤에 겁을 먹지 않고서 거닐 사람은 아무도 없을 것 같았다. "너무 크고 조용해요!"

나는 중국인이 이런 시간대에 나다니는 것을 본 적이 없다. 통행이 금지된 줄 알았다. 여기저기에서 파수들을 보았는데, 대개는 초라한 문간 같은 데 기대어 졸고 있었다. 이 성벽은 마치 사막의 길 같은 모습이다. 사람이 득실대는 도시 위에 솟아 있지만 말이다. 웅덩이와 늪이 성벽을 따라 펼쳐지고, 개구리 울음소리가 튀어나온다. 나는 이전에 조계가 해방되던 날 저녁에 군대가 북경으로 진입할 때 거쳤던 동문으로 향했다. 왼쪽으로 장로교 선교부의 거대한 건물이 신축 중이었다. 의화단이 남긴 흔적도 군데군데 보였다. 또 유럽 군인들이 파괴하고 남은 잔해도 보였다. 깨진 석판들과 청동 조각의 자투리, 부서진 천문 기구……. 대단히 섬세하고 오묘한 이런 것들은 수 세기 동안 고이 간수되던 것인데, 독일인들이 부수지 않았던가!

나는 이 폐허에 명문을 새겨두고 싶은 심정이었다. 독일 반달리즘〔야만적인 문화재 파괴 행위〕의 진정한 유물로서 말이다. 폐허에는 이미 상당히 매력적인 새 건물들이 들어서고 있었다. 세련된 벽기둥들과 건물 전체를 힘차고 우아하게 하면서 목조가 돋보였다. 중국의 예술가와 건축가들은 자기네 조상들을 고취시켰던 감성을 잊지 않고 있다.

동문이 우선 복원되었고, 서태후와 황제는 왕릉을 찾아갈 때 그 앞을 지난다. 구식 대포 몇 문도 보였다(이 문 앞에서 일본인 220명이 죽었다). 막사 아래에서는 늙은 보초가 태평하게 담뱃대를 빨고 있었다. 그 곁으로 두 명의 군인이 퍼져 앉아 있는 모습은 지난번 이곳을 지날 때 보았던 시신 같은 인상을 풍겼다. 주변은 완전히 잠든 듯이 고요했다. 멀리서 개 짖는 소리가 들렸다. "둠 둠붐, 둠 둠붐" 하는 순찰대의 징 소리와 북 소리도 들렸다.

북경은 성벽 위에서 내려다보면 매우 특이한 모습으로 다가온다. 도시가 달라 보인다. 저 아래에 있을 때처럼 불결하지도 않고, 허름한 집들이나 나무들이 들어선 안뜰도 눈에 띄지 않는다. 위에서 내려다보면 지붕들 위로 푸른 양탄자가 궁궐까지 펼쳐진다고나 할까. 궁궐의 찬란한 황색 지붕들만 보이고, 그 양탄자는 탑이 솟은 경산 정상까지 이어지는 느낌이다. 이 거대한 도시는 얼마나 깊이 잠들어 쉬고 있는가! 이 성 안에서 100만이 넘는 사람들이 달빛 아래 잠자고 있다. 북경은 쉬고 있다. 이 세상 어느 도시도 이렇듯 깊은 잠에 빠지지는 않을 것이다.

북경의 자금성

이 성곽의 난간에 기대어 팔을 괴고 있다 보니, 문득 1000년 전에 기욤이 노르망디를 떠나 원정에 오르던 그 까마득한 과거부터 오늘까지도 발아래 펼쳐지는 이 장관은 조금도 달라지지 않았으리라는 상념이 떠올랐다. 밤의 숨결도 뜨거운 공기를 스치며 떨고, 이 민족의 삶도 전혀 바뀌지 않았다. 세상의 어떤 힘이 이 벽을 다시 걷어갈 수 있을까? 만약 거대한 제국의 길을 따라온 이 수도가 스스로 오랜 동면에서 깨어난다면 어떤 일이 벌어질까?

나는 황량하고 고요한 길 쪽으로 되돌아왔다. 희미한 불빛이 새어나오는 카바레에서만 소음이 들려왔다. 조계와 가옥들 인근의 술집들이다. 길바닥에 나앉은 여성들이 이런저런 나라들을 전전하다가 이제 원주민들 사이에 정착하러 온 특별한 집들이다.

중국의 변화와 각성, 이것을 우리 유럽인이 일으킬 수는 없지 않을까. 아마도 일본인이 맡을 일일지 모른다. 그 근거는 중국 도처에서 목격된다. 그러나 일본인은 조용히 일한다. 하지만 거대한 변화가 일어나고 말 것이다. 내일을 믿는 나는 확고하게 그렇게 생각한다. 이 글을 쓰고 있는 이 순간, 이제 해가 뜰 때까지 두 시간 남았다. 빛은 없다. 야간순찰대가 내는 음산한 소리가 어둠 저편에서 들려오고, 동시에 닭 울음과 함께 나직한 새벽의 합창이 들려온다.

황제의 침상

7장

중국의 일본화

거리를 가로지르는 북경의 경찰들

1900년 점령의 교훈

얼마 전부터 여행자는 시베리아를 횡단하는 새 열차 서비스로 더욱 쉽게 극동과 만날 수 있게 되었다. 이제 런던 피카딜리에서 북경까지 17일 한나절, 일본까지는 최소한 18일이 걸린다. 이 여로는 세계의 다른 어느 노선보다 편리하다. 극동이라면 가기도 어렵고 아주 멀다는 보통의 선입견도 사라질 것이고 또 벌써 사라졌을지도 모를 일이다. 시베리아 횡단 노선이 이미 그 지역 구석구석을 찾을 수 있게 할 뿐만 아니라, 이제껏 서구인이게 유달리 먼 거리 때문에 관심이 저조했던 사건들의 동향도 점차 본격적인 관심의 대상이 될 것이다.

1900년 연합군이 북경을 점령했을 당시 나는 두 달 동안 현지에 머물면서 중국인을 그와 이웃하는 여러 민족과 비교할 수 있는 기회를 자주 가졌다. 북경 시내는 여러 나라의 구역으로 나뉘었다. 미국, 프랑스, 영국, 일본, 독일, 이탈리아 사람들이 거주하는 구역으로. 그곳을 돌아다니면서 나는 각 구역에서 이루어지는 도시 재정비와 행정, 질서유지 등의 진척 상황을 알 수 있었다. 나는 특히 일본인의 행정에 놀랐다. 물론 그들은 각별히 유리한 입장에서 시작했다. 중국과 일본은 비록 말은 다르다 해도 문자는 〔거의〕 같다. 더구나 언어 표현의 공동체적 성격 이상으로 두 민족 간에 사고방식뿐 아니라 지성이나 도덕적 태도가 긴밀하므로, 일본이 그 종교와 예술과 문명을 대부분 중국에서 전해받았다고 생각한다 해서 놀랄 일도 아니다.

그 결과는 매우 두드러진다. 중국인은 일본 구역으로 금세 다시 드나들기 시작했다. 그러면서 다른 구역으로는 가지 않겠다는 식의 분명한 혐오감을 나타낸다. 질서는 신속하게 회복되었다. 사업은 재개되고 거리는 빠르게 정상을 되찾았다. 그러나 시내의 다른 구역들은 그렇지 못했다. 예컨대 독일인은 아주 열심히 일한다. 하지만 군인 같은 경직성을 벗어나지 못하고 또 자기네 구역을 옛 독일의 모범에 따라 만들려는 듯하다. 그들은 갖가지 법규를 공고했다. 각 건물주에게 건물 앞의 거리를 잘 관리하도록 강요한다. 그 법규에 따라 원주민을 처벌하기도 한다.

이런 결과는 재앙이다. 중국인은 독일 구역에는 다시는 들어서려 하지 않는다. 독일 구역은 러시아, 프랑스 구역보다 인구가 조금 더 많을 뿐으로, 버려진 집들과 폐허로 사막처럼 황량하다. 나는 이렇게 생각할 수밖에 없었다. '만약 일본인이 이렇게 작은 동네에서 이미 중국인을 사로잡았다면, 결국 이런 영향은 더욱 과감하고 폭넓게 퍼지지 않을까?' 이제 막 일본에서 3개월을 보낸 나는 그 나라와 중국을 다시 보면서 그런 영향이 크게 작용할 것으로 굳게 믿게 되었다.

지난 3년간 많은 중국 청년들이 일본으로 유학을 떠났다. 놀라운 일이

금단 구역

다. 훌륭한 가문의 청년들은 군인이 되는 것은 신사의 본령이 아니라고 여기는 분위기 속에서도 일본의 사관학교에 무더기로 입학했다. 물론 오래전부터 일본에 유학한 중국인이 있었다. 그렇지만 오늘날처럼 많은 수는 아니었다. 나는 이 사관학교 생도들을 만날 기회가 있었다. 제복 차림만으로는 그들이 중국인인지 알 수 없었다. 아무튼 같은 나이의 일본 청년들보다 체격이 더 컸다. 그들은 철저히 일본식 멋을 낸 청년 동아리였다. 그중 한 청년에게 학교에 들어온 이유를 물었더니, 중국도 머지않아 외국 군대와 비슷한 군대를 갖게 될 것이기 때문이라고 했다. 훌륭한 장교가 있어야 훌륭한 중국 병사를 키울 수 있지 않겠냐면서, 자신은 장교가 되고 싶다고 했다.

점점 가까워지는 중국과 일본

최근 3년 사이에 중국과 일본의 상업적 관계도 대단히 긴밀해졌다. 일본의 여러 은행이 중국에 지점을 개설했고, 이미 중국-일본 합자은행이 러청은행과 같은 계획에 따라 곧 설립될 것이라고 한다. 중국의 거물 금융인들이 만국박람회를 찾았을 때 나는 그곳 오사카에 있었다. 나는 그들이 일본의 거물 은행가와 기업인을 대하는 공손한 태도를 목격했다. 몇몇은 그러한 거물 일본인을 만나려고 서둘러 도쿄를 방문하기도 했다.

두 나라가 가까워지는 양태는 다양하게 보인다. 신문을 읽든, 지배층 인사들과 대화를 나누든, 일본인의 주도적 의도가 생생하게 파악된다. 자국의 사명은 이를테면 중국을 자신들의 지적 · 정신적 영향권 내로 끌어들이는 것이라고 일본인은 강철처럼 굳게 믿고 있다. 그들은 상업적 · 군사적인 면에서 이런 사명이야말로 더없이 막중한 일이라고 이해한다. 또 단호하게 그 일에 착수하고 있다. 본질적으로 모방적인 일본 민족은 러청은행이 러시아에 유리하게 작용하는 것이 얼마나 중요한지 잘 알고 있다. 일본은 러시아 정부가 드러내길 원치 않던 모든 일 중에서 조용하게 착실히 돌아가는 이런 기관이 얼마나 유용한지 알고 있다. 예컨대 만주 철도는 바로 러시아 영사관만큼이나 많은 지점을 거느린 이 은행이 건설한 것이었다. 그 은행의 북경 지점장 포코틸로프 씨는 당연히 영향력이 있다고 여겨지는데, 사실상 그는 중국의 러시아인 재무대신이다.

내가 일본에서 보고 듣기는 했지만, 중국에 와보니 일본인 사회가 이토록 활력에 넘칠 줄은 전혀 예상하지 못했다. 특히 북경에 설립된 일본 대학은 가장 중요한 성과인 것 같다. 일본인은 매우 유능한 인사를 앉혀 나와 여행길에 함께했던 교수처럼 새로운 교직원들을 계속 파견하고 있다. 이 학교가 이른바 제국 대학인데, 교수진은 일본인이다. 이 모든 일에서 동양적 기지가 멋지게 발휘되지 않는가!

'제국 대학'의 설립은 흥미진진하게 파헤쳐볼 만한 수수께끼 같다. 그렇지만 결정적인 정보를 얻기 어렵다. 나와 함께 여행했던 교수는 의도적이든 그렇지 않든, 이런 교육기관의 취지와 실태를 모르고 있는 듯한 인상을 풍겼다. 이 대학이 외교적으로 불가피한 실험에서 설립된 것일 수도 있다. 또 이 대학이 중국인과 맞서 투쟁하기는커녕 그 동의를 구하려 할 것이다. 일본인은 다른 여러 교파의 학교들처럼 종교계의 반대에 부딪히지도 않을 것이다.

상업적 침투는 북경을 비롯한 대도시에서 일본인이 세운 기업과 상점들이 점점 더 늘어나고 있는 데서 알 수 있다. 이곳에서 장기간 체류하는 사람이면 누구나 전에 비해서 더욱 많은 일본인과 만나게 된다고 한다. 여러 일본 제조업체 지점에서 일본 상품이 영국 것을 대신한다. 이제 어느 호텔에서나 일본 면제품과 맥주와 음료수뿐이며, 모든 가게에서 일본 담배와 브랜디에서 자전거까지, 일본이 모방한 제품만 눈에 띈다. 일본인은 부지런하고 활달하며 정중해서 이상적인 외판원이다. 게다가 자기 이웃이자 고객인 중국인을 잘 알기 때문에 이런 것이 그 이전에 자리 잡은 경쟁자들의 상품에 비해 품질이 떨어진다는 취약점을 놀랍게 벌충한다. 뿐만 아니라 일본인은 자신들이 내놓으려는 새로운 시장의 요구에 빠르게 적응한다. 이와 마찬가지로, 한국에서도 한국인이 보통 구입하던 영국제 면 잡낭雜囊은 한국 당나귀가 운반하기에는 너무 무거웠다. 전통적인 보수성 때문에, 영국인의 머리로는 이 잡낭의 무게를 줄일 생각을 절대로 못 했을 것이다. 그러나 일본 경쟁자는 당나귀의 힘에 적합한 무게의 잡낭을 내놓았다. 한국에서 당나귀는 주요한 운송 수단인 만큼 이런 제품 개선은 매우 중요하다. 결국 일본 상품이 한국 전역에 넘쳐나고 있다.

일본 상품이 갖는 군사적 측면의 영향도 뚜렷하다. 이제는 사라졌지만 1900년까지도 중국인은 독일, 영국, 프랑스 사람들을 교관으로 초대했다. 이들 외국인이 맡던 군사 훈련, 군대의 재조직은 이제 일본인이 맡고 있다. 과거의 교관들은 일반적으로 좋은 대우에 걸맞게 그 임무를 완수할 수 있는 사람들이었다. 하지만 어느 누구도 훈련병들에게 권위를 내세우지 못했다. 그들은 훈련병들과 절대로 인간적 접촉을 하지 않았다. 이때부터 그 임무는 건성으로 수행되어 별다른 도움이 안 되었다.

유럽의 타산적인 교관들이 최상의 성과를 내놓지 못한 것은 당연하다. 보수만 보고 일했기 때문이다. 그 누구도 동양 군대를 성공적으로 지휘하면서 '백전백승의 군대'를 조직하고 이끌었던 찰스 조지 고든[1833~1885. 북경 공략 때 연합군 지휘관. 나중에 태평천국의 난을 진압한 중국군을 지휘했다]처럼 영감에 고취될 이유가 전혀 없었다. 고든만이 유일하게 중국군과 어울릴 줄 알았다. 독일인은 독실한 신자처럼 너무 경직되어 자신의 편협한 사고에서 벗어날 줄 몰랐고, 영국인은 상황에 유연하게 대처할 수 있을 만한 태도를 지니지 못했다. 유럽인은 이런 일을 마지못해 하는 식이다. 봉급만으로 그들이 싫어하는 일을 열심히 하도록 자극하진 못한다. 그들은 장차 자신들의 적이 될 자들을 조련하고 있다고 항상 느낀다.

일본 외교의 압박

그러나 일본인은 전혀 그렇지 않다. 일본인은 중국인과 자신들이 먼 혈연관계로 맺어져 있다는 깊은 감정을 갖고 있다. 그들이 훈련시키는 사람마다 강한 동맹자가 된다. 훈련받은 병사들 한 명 한 명은 언젠가 러시아의 전진을 가로막을 동아시아의 거대한 예비 병력인 셈이다. 일본인 스스로 피부색이나 인종, 종교에서 자유롭고 깊은 연대감을 느끼고 있다. 또 그들이 꿈꾸는 것은 아직은 막연하면서도 은하수처럼 찬란한 꿈이지만, 장차 중국이 깨어나면 일본의 뒤를 따라 동양에서 먼로 독트린을 선언하는 데 동참하기를 바라는 것이다. 그런 주장을 지지하면서 중국은 유럽인에게 이렇게 공언할 것이다. "더는 그렇게 멀리 나아가지 못할 것이다. 중국은 쪼개질 수 없을 것이고, 중국은 영원히 중국인의 것이다. 일본이 일본인의 것이듯."

앞서 말했듯이, 복장만 조금 바뀌어도 중국인과 일본인을 구별하기란 사실상 불가능하다. 마찬가지로 어느 쪽이든 상대방의 특이성을 자기 것으로 동화시키기란 쉽고도 자연스럽다. 일본인은 양보를 쉽게 얻어낸다. 그들은 사소한 일에서 중국인의 편견을 인정하고, 그렇게 해서 자신들의 영향력을 좀 더 중요한 것에 행사하려 한다. 나도 소수의 편이기는 하지만 종교가 훌륭한 병사를 교육하는 데 일조한다고 생각한다. 나는 레이디스미스〔남아프리카〕 외곽의 야영지에서 보어인의 노랫소리를 들었다. 또 러시아인들이 전투에 나서기 앞서 축복을 받고자 경건하게 엎드려 기도하는 것도 보았다. 또 인도 기병대가 해질 무렵 진흙 바닥에 멍석을 펴고서 메카를 향해 예배하는 것도 보았다. 아일랜드인이 출전하기 전날 조상을 참배하고 다음 날 아침 훌륭하게 싸우는 것을 보았다.

그런데 다른 민족보다 일본인에게서 절대적으로 진지한 신앙의 실제 사례를 찾아보기란 상당히 어려울지 모른다. 그들의 종교적 태도는 일종의 '가능성을 향한 예의' 같은 것이라고 모호하게 설명되곤 했다. 이런 정의는 상층계급에 들어맞겠지만, 이들이 마치 파리가 프랑스 전체를 반영하는 식으로 일본 전체를 대표하지는 않는다. 아무튼 중국 여행 때 강하게 남은 기억이 있다. 일본 군인들이 매일 밤 취침하기 전에 장교 주변에 둥글게 모여 찬불가를 부르는 모습이었다. 그 해묵고 그윽한 리듬이 더운 밤들의 기억과 함께 되살아난다.

그렇다면 군대를 일으키려 할 때 이런 요인을 어떻게 무시할 수 있을까? 보통의 병사들과 훈련을 맡은 교관들의 한결같은 신앙심을 말이다. 중국에서 새로운 교관에게 필요한 덕목이 바로 이런 것이다. 70명의 일본인 사관이 중국군의 재조직을 맡고 있다. 이런 숫자는 가장 믿을 만한 정보에서 나왔다. 그러나 더 많을지 누가 알랴? 두세 배나 더? 이 문제에 관해서는 중국인이나 일본인도 입을 다물고 있어 알 수 없다. 물론 더 많을 수도 있다. 그렇지만 '모호한 수법' 에 그토록 익숙하고, 자신들의 일과를 비밀에 부치는 데 그토록 용의주도한 이 사람들이 실제 수치를 사실대로 내놓겠는가! 중국인과 일본인 모두의 관점에서 볼 때 그런 정보가 유럽으로 흘러나가지 않도록 하는 것이 바람직함은 말할 필요도 없다.

나는 1900년에 조계를 뒤흔든 전투에 참여했던 한 장교를 만났는데, 어렵사리 중국인의 군사적 적성 문제로 화제를 돌릴 수 있었다. 이 사람 말에 따르면, 중국인은 '전투병' 으로 나서는 데 필수적인 갖가지 자질을 갖고 있다고 했다. 중국인의 인내심은 놀랍다. 그들의 체질은 강건하고 더위와 추위를 끝까지 참아낼 줄 안다. 그들은 밥만 먹고도 견디며 일한다. 무기도 금세 능숙하게 다룬다. 조금만 훈련시키면 탁월한 사수가 된다. 유능하고 헌신적인 장교의 지휘를 받는다면 그들은 임무를 완벽하게 숙지하고 수행할 것이다. 하지만 그들에게 일본군의 애국심 같은 것은 없다. 그저 호전성을 타고났을 뿐이다.

내가 만난 사관은 중국 병사에게 정기적인 급료를 지급함으로써 이런 약점을 해소할 수 있을 것으로 보았다. 병사들에 대한 낮은 대우가 한심한 결과를 낳는다는 것이다. 전체 복무 기간에 단 한 푼도 받지 못하는 경우마저 있다고 한다! 사관은 그런 행정적 병폐를 없애야 모두가 일급 '전투병' 이 될 것이라 생각한다. 북경 주변에는 이런 군사활동과 개혁의 중심지가 없다. 중국인은 외국군에 '종사하는 사람들' 에게는 조금도 우호적이지 않다! 가장 가까운 군영은 북경 남서쪽의 보정부保定府에 있다. 최근 서태후와 황제가 이 도시를 방문했을 당시 몇몇 외국인이 열병식이 있을지 물었는데 그런 계획조차 없다는 답을 들었다. 그런데도 열병식은 열렸다.

한국군이 일본의 모범을 따라 이미 상당한 규모로 재조직되었다. 한국은 제복의 사소한 부분까지 일본을 모방했다. 현재 러시아인은 만주 북부에서 일본이 중국에서 하고 있는 것과 똑같은 일을 하고 있다. 그들은 사관들의 지휘로 군대를 훈련시켜 작전에 동원한다. 이 러시아 사관들은 중국 복장을 하고 있어 쉽게 분간하기 어렵다. 일본 정보기관에 잘 알려진 요원들을 제외하면, 내가 본 바로는 1만 명의 병사가 이미 훈련을 마쳤다. 그러나 일본 신문들은 이보다 더 많은 수치를 제시한다. 그들은 러시아가 중국군 5만을 양성하려 한다고 주장한다. 그렇지만 이것은 그저 언론이 흘리는 소문에 불과할 것이다. 일본도 북경의 경찰력을 정비하고 있다. 그들은 내가 듣기로는 최상의 성과를 냈다고 한다.

압록강 하구를 차지하려면 중국 해군이 필요하다는 이야기도 믿을 만하다. 다만 그렇게 될 가능성은 없어 보인다. 장지동張之洞의 견해에 따르면, 지난 7월에 중국은 일본 회사에 3척의 포함을 발주했다. 따라서 군대, 경찰, 대학에서 이미 실현되고 있는 일본의 영향력으로 미루어보건대, 중국 해군에까지 그 힘이 미친다고 해서 놀랄 일은 아니다.

중국에서 병기창의 활동이 재개되었다는, 특히 남부에서 그렇다는 것은 잘 알려진 사실이다. 더구나 주로 일본에서 상당량의 무기가 은밀히 수입되고 있다는 것도 알 만하다. 기본적으로 일본의 영향력이 좀 더 느껴지는 분야는 외교계다. 그런 압박은 좀처럼 파악하기 어렵고 미묘하지만 그 효과는 결코 작지 않다. 중국에 대한 그런 외교적 침투 역시 궁궐에서는 별다른 기미를 드러내지 않고 이루어지며, 의심을 사거나 경각심을 불러일으키지도 않는다. 모든 것이 은밀히 진행된다. 일본은 자국의 꿈을 이루려고 전진하면서도 요란한 승전가를 부르지 않는다. 일본은 중국 전역에 걸친 러시아와의 외교전에서 그토록 악착같이 침묵을 유지하고 있는데, 이런 노력은 더욱 인상적이다.

일본인이 얼마나 은밀히 움직일 줄 아는지에 대해서는 그들의 정보부대가 충분히 입증한다. 중국 전역과 한국, 만주, 시베리아에서 첩자들이 활약하고 있다. 우장牛莊(뉴좡)의 어느 러시아 장군은 자신이 어디서나 미행을 당하고 있다고 확인해주었다. 어느 날 나는 신식 멋과 촌스러움이 뒤섞인 어느 이발소에 들어갔다. 러시아인들이 나중에 말하기를, 그곳에서 마주친 한 인물이 일본 사관이라고 했다. 또 얼마 뒤에 그들의 한 일본인 친구는 그가 사관이 아니라 첩보원이라고 털어놓았다. 내가 일본을 떠날 무렵, 때마침 그곳 정보기관이 만주에 대한 방대하고 상세한 지도를 제작했다. 일본이 조만간 대규모 전쟁이 불가피할 것으로 내다보고 거기에 대비하는 차원에서 이루어진 일이었다.

극동에서 실추되는 영국의 위상

일본이 그런 식으로 외교적 영향력을 확대하고 있는 것에 비해 영국의 실추는 더욱 뚜렷해 보인다. 상업 면에서도 지난 몇 년간 영국이 극동에서 보인 행태는 정말이지 수치스런 것이었다. 우리는 이를테면 사실상 '최후의 거점' 이라고 할 수 있는 제1의 자리를 내주었다! 군대가 연패한 탓에〔당시 남아프리카 트랜스발에서의 전투. 그러나 결국 영국이 승리하고 병합했다〕 영국 대중은 크게 망신스러워하고 있다. 그들은 육군성의 전략을 궁금해할 정도이다. 그런데 왜 외교부는 문제가 안 될까? 분명 외교 담당자들을 비판하지 않는다는 수수께끼 같은 신앙이 있다. 책임 추궁이나 조사 같은 것도 받지 않도록 하고 있다.

육군성을 박제화하는 관료주의는 외교부를 감싸는 그런 것과는 전혀 다르다. 러시아 대표부는 매사에 대단히 적극적이며 활기찬 인사들로 구성되어 있고, 또 그들이 대표하는 거대 회사의 목표를 적극적으로 밀어붙일 줄 안다. 우리에게는 저명한 동양학자인 어니스트 사토 경 같은 사람이 있다. '중국 말' 에 대한 가장 뛰어난 판단력을 지닌 타운리 씨는 또 어떤가! 그러나 이런 인물들보다는 사업 추진에 대한 근성을 갖춘 대표자들이 절실하다. 우리에게는 저력 있는 사업가들이 필요하다. 극동에서 통상을 발전시킬 그런 기회에 우리는 얼마나 무심하게 굴었는가! 나는 이미 독일인과 미국인이 시베리아철도 부설에 필요한 장비와 자재를 공급하며 앞서가는 것을 보고 그 점을 시사한 적이 있다. 마찬가지로 이 새로운 철도가 열어줄 시장에 대해서도 똑같은 말을 한 바 있다.

러시아에서 영국의 통상은 독일의 그것이 증가하는 것에 정확히 반비례한다. 그런데 우리는 대련에 영사관 하나 없다. 1700마일 철도의 종착역인데 말이다. 미국은 이미 열어놓고 있다. 왜 우리는 벨기에처럼 블라디보스토크에 무역 대리점을 두지 않았을까? 우리는 자국민이 하얼빈에서 토지를 구입하거나 상점을 차리는 것도 허용하지 않고 있다. 그러는 동안 함부르크의 쿤스트&알베르스 상사가 그곳에 지점을 개설하면서 독일의 영향력을 키우고 있다.

서태후가 사망할 때

나는 중국을 일본화하려는 움직임을 대단히 중시한다. 그것보다 더 주목할 만한 국제적 역량을 보여주는 사례를 나는 알지 못한다. 나는 아직 그중 일부만 거론했을 뿐이다. 이제 머지않아 서태후가 작고한다면, 중국 정부에 엄청난 변화가 찾아올 것이다. 서태후는 지금 만년이다. 그러한 변화 속에서 일본인의 근면하고 지속적이며 앞날을 겨냥한 노력들이 결실을 거두게 되면, 우리도 제국의 생활에서 급격한 변화를 겪게 될 것이다. 지략가 손문孫文은 내게 이런 말을 했다.

"중국인이 일단 변화를 결심한다면, 일본인이 30년 걸려 한 일을 15년 만에 해낼 것이다."

극동에서 몇몇 사람들은 중국과 일본의 이러한 접근을 우려하며 주시하고 있다. 그런 관계 진전이 진정한 의미의 '황화黃禍'를 초래하리라고 걱정한다. 북경 조계의 한 인사는 내 앞에서 영국은 그런 면에서 진작부터 일본과의 동맹을 후회했어야 한다고 역설했다. 이런 말은 시기심의 발로로 여겨진다. 이런 말을 한 외교관은 자기 나라가 우리의 자리를 차지했다면 얼마나 좋을까 싶었던 것 아닌가!

오직 시간만이 중국에 대한 일본의 은밀한 침략 행보를 내다볼 수 있을 것이다. 오직 시간만이 그 위중함을 내가 과장했는지 아닌지를 입증할 것이다. 러시아는 만주 병합이라는 외교적 승리에 자족하고 있을지도 모른다. 러시아가 국제 교역에서 만주의 문을 닫아거는 수법을 사용한 만큼, 이제는 중국의 일본화로 인해 그들이 중국 국경에 접근하지 못할 수도 있을 것이다.

8장

북경에서 우장까지

중국의 4등칸 여객들

북경을 떠나다

무더운 한낮을 알리는 화창한 아침 7시에 우리는 북경을 떠나 칼레〔영불 해협에 면한 프랑스 도시로, 시베리아철도의 유럽 종착역〕까지 이어질 머나먼 철도 여행길에 올랐다. 일등칸에는 손님이 많았다. 식당칸도 붙어 있었다. 열차는 대부분은 무개차였고 중국 사람들로 만원이었다. 중국인은 화물칸 짐짝들 사이에도 타고 있었다. 철도 부설에 반대했음에도 불구하고, 중국인은 결코 무시할 수 없는 고객이었다. 무개칸의 차비는 아주 쌌다. 중국인은 거기에서 말 그대로 빽빽하게 갇혀 있었다. 가능한 한 모조리 다 태운 것이다.

시 외곽의 성벽을 따라 일부 구간에는 몇 달 전부터 이 세상에서 가장 희한한 금광이라고 할 구경거리가 펼쳐지고 있었다. 철로의 침목 사이를 채우는 돌조각에서 작은 금 쪼가리들이 나왔기 때문이다. 아침부터 저녁까지, 가난한 사람들이 손으로 철로 바닥을 파헤치러 대거 몰려들었다.

그들은 우리가 탄 열차가 지나도록 길을 내주었다. 그렇지만 곧장 그 절박한 일로 복귀했다!

북경 일대는 한발로 황량했다. 보통은 물이 풍족했던 그 드넓고 비옥한 땅이 먼지만 날리는 사막으로 덮였다. 곡식도 싹을 틔우기는 했어도 땅바닥에서 5~6센티미터 정도만 자랐을 뿐이다. 거창하게 '특급' 이름을 붙인 우리 열차는 그야말로 느려터졌다. 열차는 수많은 역에 정차했다. 이미 의구심을 가졌던 바이지만, 먹을 만한 것도 없었다. 그러나 원주민 한 무리가 배, 순무, 일본 맥주, 그리고 하찮은 과자들을 내놓았다.

양촌楊村은 이전에 조계를 해방시킨 군대와 함께 지났던 기억이 있는 첫 번째 장소였다. 중국인은 강의 철교를 파괴한 다음 그곳을 위장해놓고 있었다. 사실 이것이 북경에 닿기 전에 벌어진 유일한 교전이었다. 천진 역에서 주민들이 열차에 오르내리려고 보따리를 든 채 아우성을 치면서 서로 다투며 악다구니를 부렸다.

천진을 지나면서부터 풍경은 밋밋하고 별다른 것이 없었다. 바다처럼 펼쳐지는 단조로운 평야는 백하白河 하구의 퇴적층 지대로서, 중국 북부 전역을 덮은 황토를 싣고 흐르기는 다른 하천들도 마찬가지였다. 몇 마일에 걸쳐 펼쳐지는 평야와 누런 강물은 그 이름에 어울리게 바닷물을 물들였다. 그것은 매우 선명한 경계선을 그려낸다. 한쪽에는 지중해처럼 맑은 물이, 다른 한쪽에는 마치 콩죽처럼 이상한 액체가 세력을 넓혀 나간다!

이 퇴적층 덕에 대지는 완만하게 해안에 이른다. 이렇게 천진은 기원전 200년 전부터 내륙 항구였다. 퇴적물로 형성된 48킬로미터 지역이 시와 해안 사이를 가로지른다. 산해관에 도착하기까지 더위는 극심하고

궁금증을 불러일으키는 금金밭

양촌 전장

흙먼지는 악몽 같았다. 이 여로 끝자락의 그림 같은 풍경을 지나고 나서, 우리는 여섯 시 정각에 산해관에 도착했다. 저녁을 먹기 전에 나는 이곳에서 해안으로 이어지는 중국의 만리장성을 찾아가보았다. 산해관은 이 장벽의 한쪽 끝자락이다. 이 장벽을 타고 등성이마다 높이 솟은 망루를 지표 삼아 북동쪽 산맥까지 따라갈 수 있다.

이곳에 최근 들어 작은 호텔이 문을 열었다. 여행자들은 예전처럼 열차에서 숙박하지 않아도 된다. 이곳에서 본 장벽과 망루, 수비대는 매우 특이했고, 뒤쪽의 산자락이 풍경을 완성한다. 군사 구역은 철로 동쪽에 자리 잡고 있었고, 어느 도로에서나 여러 국적의 병사들과 마주쳤다.

아침에 일어나자 비바람과 함께 한기가 몰아닥쳤다. 우리는 어제와는 다른 칸으로 옮겨야 했다. 객차는 무개차에 살롱을 갖춘 별실이 양쪽 끝에 있었다. 화덕은 불도 지피지 않았다. 비가 내려 지붕과 나무로 된 의자들을 적셨다. 무개칸은 전날만큼 원주민 승객이 많지 않았다. 가난한 사람들은 비에 젖은 파란 옷차림에 비참한 모습이었다. 우산을 받쳐 쓴 사람들도 있었지만, 쏟아지는 소나기에는 무용지물이었다. 바짝 마른 땅은 빗물을 축복처럼 들이마시는 듯했다. 물줄기는 급류를 이루었지만, 도랑이나 늪은 전혀 보이지 않았다.

열차에 식당 칸은 없었다. 중국인 하인이 몸통 중앙에 관이 붙은, 희한하게 생긴 일종의 휴대용 주전자를 숯불로 데워 마련한 온수로 만족해야 했다. 11시쯤에 비가 그쳤다. 해가 다시 나오고 먼지가 사라지자 겨우 참을 만했다! 바닷가의 한 역에서 우리는 점심 찬거리로 아주 좋은 새우와 게를 파는 원주민들에게 둘러싸였다. 나는 큰 게들을 10전錢, 작은 바다가재만큼 큼직한 새우 세 마리를 5전에 샀다.

만리장성

산해관의 만리장성

게와 왕새우를 파는 중국인(위)과 우장 역에 환송 나온 관리

우장 호족장의 부인들(위)과 우장으로 건너가는 다리의 모습

또 다른 역에서 우리는 중국 병사들이 시끌벅적하게 깃발을 내세우고 나팔을 불며 행진하는 것을 보았다. 그들은 구식 소총으로 무장하고 있었다. 이런 부대처럼 군대 같지도 않고 활달하지도 않은 모습을 보기도 쉽지 않을 것이다. 한 무리의 하인들을 거느린 관리들이 대합실에 모여 있었다. 그때 한 남자가 나타났다. 회색 수염에 주름이 깊고, 붉은 단추에 공작 깃으로 장식한 사람이었다. 짙은 화장, 화려한 차림의 숙녀 셋이 그를 따라왔다. 여인들은 분홍 천을 씌운 가마에 앉아 있다가 예약한 무개차를 타러 플랫폼까지 나왔다. 그녀들 뒤로 하녀들이 어린아이 둘을 데리고 따랐다. 이들은 우장의 '투타이' [지역 호족장]라고 하는 '리' 씨 일가였다. 러시아인들이 물러나면 이곳을 다스릴 인물이라고 했다. 열차가 출발할 때는 모든 사람이 마치 오리처럼 몸을 숙이며 인사를 했다.

그다음 역에서도 똑같은 군대, 똑같은 음악 연주가 이어졌다. 나는 '리' 씨와 인사했다. 그는 정중하고 사람 좋은 노인이었다. 숙녀 셋은 그의 부인들이었다. 그는 부인들을 자기 별실에 한 명씩만 교대로 들어오게 했다. 그의 아들도 내게 인사를 했다. 깜찍하고 조숙한 이 아이는 나를 알게 되자마자 내 주머니 속을 궁금해하며 뒤지기 시작했다.

북경에서 우장에 이르는 철도 구간의 상업적 성공은 신통치 않다. 특별융자를 받은 부채를 갚는 데만도 11만 냥이 필요할 것이다. 지난해 수익은 9만 냥에 달했다. 이 노선은 동중국철도와 대大시베리아철도가 만나는 지선으로서 매우 성공적으로 운용할 수 있었을 것이다. 러시아인은 이런 표적을 잘 겨냥하고 있다. 이 글을 쓸 때 들은 말로는, 중국과 영국의 기관장들이 우장에서 만나야 할 것이라고 했다. 동중국철도, 러청은행, 러시아 부왕副王 정부(이 세 기관은 결국 한 가지나 마찬가지다)가 이 노선을 확보하려고 나선다고 해서 놀랄 일은 아니다. 이 노선은 러시아인이 몽골을 가로질러 부설한 것으로, 북경에서 장가구張家口(칼간)에 이르는 노선이 부설되기 전까지는 북경과 유럽을 잇는 유일한 철도가 된다. 그렇지만 몽골 구간 노선은 영국의 반대로 오랫동안 공사가 중단되었다.

종착역 우장에 도착한 우리는 호텔로 가기 위해 강을 건너야 했다. 대기 중이던 작은 증기선으로 강 건너 기슭에 15분 만에 닿았다. 러시아 배였다. 사실 우리가 보는 것은 대부분 러시아 것이다. 놀랍게도 많은 정크선들이 강 양안에 정박해 있었다. 마치 수면 위에 떠 있는 정크의 숲 같았다. 호텔은 여러모로 편안했다. 음식은 극동의 다른 곳과 매한가지였다. 우장 클럽은 호텔 뒤에 붙어 있다. 그런데 손님들은 오래지 않아 조국이 무시하는 자기네 이해관계를 거칠게 토로하는 영국인들의 소리를 듣게 된다. 또 러시아인의 처신, 즉 개인적으로는 대단히 서민적인데도 집단적으로는 거만한 그런 거동도 끊이지 않는 화젯거리였다. 우장의 상인들은 자기네 상권을 훼손하게 될, 대련의 상거래를 권장하는 조치들이 나올까봐 걱정이 태산이었다. 호텔 맞은편 조계를 따라 러시아 보초들이 서 있고, 러시아 장군은 인근의 옛 중국 사원에 사령부를 두고 있었다. 바람에 출렁대는 대규모의 정크선단은 보기만 해도 정말 매력적이었다.

이튿날 가야 할 길은 그야말로 진흙탕이었다. 다쓰챠오大石橋로 갈 열차는 우장에서 3마일 떨어진 영구營口(잉커우)에서 새벽 5시 40분에 출발한다. 수레를 타야 하는 그 길은 더디고 형편없다. 하지만 우리는 콘드라토비치 장군의 배려 덕분에 무난히 갈 수 있었다. 그는 자신의 작은 증기선을 내주었다. 잉커우는 사람을 끌 만한 곳은 아니었다. 우리의 긴 여

수비대

호족장의 보트

우장의 외국인 거류지

우장 시내 광경

행의 시작은 싱겁기 짝이 없었다. 주변은 온통 잿빛 평야였다. 역사는 튼튼하게 지어졌지만 어쩐지 황량했다. 갈색 숄을 걸친 러시아 처녀가 중국인을 데리고 나타났다. 그녀가 매표 창구를 열고 우리에게 만주까지 가는 표를 팔았다. 일등석은 94루블이다. 이등석은 57루블 75코페크. 콘드라토비치 장군은 의자가 편하다면서 공용 칸에 탈 수 있게 해주었다. 우리는 한 시간 이내에 다쓰챠오 역에 도착해서 다시 특급을 타야 했다. 나는 비로소 시베리아철도의 간선을 보게 되리라는 생각에 내심 초조해졌다. 여러 날 동안 내 호텔이 될 열차 아닌가!

횡단열차 간선에 다시 오르다

선로는 5피트의 광궤였다. 역사는 벽돌로 견고하게 지어졌는데, 정면은 석재였다. 이곳의 건물은 대체로 낯선 모습들이었다. 공사 중인 병영과 이미 완공되어 철도수비대가 묵을 건물이 보였고, 장교 숙소도 있었다. 모든 건물이 하나같이 최소한 200년은 갈 듯했다. 여기서 다시 한 번 비테 씨의 구호가 떠올랐다. 대련에서 모스크바까지 땅속 깊이 파헤치는 것을 볼 수 있다는 말이다.

대련에서 토요일 밤 11시에 출발한 열차가 일요일 아침 7시 30분에 역으로 들어왔다. 5분 연착이다. 최근 들어 가장 붐빈 열차였다. 우리는 다시금 좋은 자리를 찾았다. 열차의 마지막 칸이었다. 이 자리를 잡으려면 북경에서 대련으로 전보를 쳐서 예약해야 했다. 그러지 않으면 다쓰챠오에서도 잡을 수 없다.

우장의 러시아 기병대

9장

만주를 가로질러

시골 역의 광경

요새화한 역과 철도 수비대

만주를 지나는 길의 초반 풍경은 특별하지도, 그림처럼 아름답지도 않다. 개울들이 흐르는 울퉁불퉁한 평야가 펼쳐진다. 여기저기 쓸모없어 보이는 구릉들이 보인다. 마을과 도시는 중국식이지만, 후경으로는 어디서나 러시아인들이 세운 육중한 건물들이 펼쳐진다. 또 철도 근처에서는 러시아가 이곳에 정착시키는 데 애를 먹고 있는 거류민(식민지 이주자)들을 자주 만나게 된다. 올해 가을이 가기 전에 러시아에서 관리와 철도수비대 외에 10만 명이 더 시베리아와 만주로 이주할 것이라고 한다.

대련에서 하얼빈까지, 아니 그 너머까지도 철로 양쪽으로 광활한 들판이 펼쳐진다. 물론 경작지에는 울타리도 없다. 각 소유지의 귀퉁이에 잔돌무더기로 경계를 표시했을 뿐이다. 작물은 밀, 보리, 귀리, 기장, 호밀 등이다. 남부에서는 주민들이 쌀농사를 많이 지었고, 술을 빚는 재료가 되는 고량高粱이라는 것도 경작한다. 아편 제조에 쓰는 양귀비 밭도

역마다 들어서고 있는 건물들

대단하고, 담배농장도 즐비하다. 목화는 오직 남부에서만 재배한다.

이곳은 정말이지 엄청난 밀의 고장이다. 운송비를 낮춘다면, 만주는 태평양 연안 시장에서 큰 성공을 거둘 것이다. 다른 어느 곳보다 정성스레 가꿔진 채소밭과 과수원들도 자주 보였다. 작은 칸으로 구획된 그 밭에서 양파, 고추, 마늘이 풍성하게 났고, 과수원에는 자두, 복숭아뿐 아니라 싱겁고 딱딱한 배도 있었다.

포도밭도 눈에 띄었다. 이런 농사는 쟁기나 나무 쇠스랑 같은 원시적인 도구로 한다. 풍차나 펌프도 없다. 곡물을 빻는 방아나 현대적인 제초기도 전혀 보이지 않았다.

헌병은 가는 역마다 눈에 띄었다. 사진기 휴대를 엄격하게 통제하라는 지시를 받은 모양이었다. 45분간 정차하는 역에서 내가 사진기를 가지고 내리자, 한 병사가 반시간이나 바짝 따라붙었다. 사진기를 꺼내 촬영하려 하면 병사는 내게 황급하게 소리쳤다. "허용되지 않습니다." 특히 군 기지를 촬영하지 못하도록 감시하는 듯했다. 한번은 들판에서 작전 중인 카자크 기병대를 보았다. 그들은 둘씩 짝을 지어 대열을 벗어나 튼튼하고 멋진 방책을 뛰어넘었다. 그러고 나서 모든 대원이 동시에 뛰어넘었다. 기마들은 작았지만 생기에 넘쳤다. 러시아와 일본이 전쟁을 벌이게 되면, 러시아 기병대의 우수성이 일본인에게 가장 큰 부담으로 작용할 것이다.

여행 첫날 오후, 우리는 만주의 수도 봉천[지금의 심양]에 도착했다. 시내는 역에서 2마일 거리였다. 오늘날 봉천은 외국과 통상을 하고 있다. 그러니 충분히 둘러볼 만했다. 이 도시는 드넓은 충적토 평원지대의 한복판이었다. 마을들은 전형적인 중국식으로, 대개는 나무들로 둘러싸

코사크 기병대

역에서 촬영을 제지하는 경찰

여 있었다. 봉천의 인구는 26만이라고 한다. 여기에는 대저택에 살면서 멋진 나귀를 타고 하인 행렬을 거느리며 길을 누비는 은퇴한 고관과 수많은 관리들이 포함된다. 이런 유지들이 행차할 때면 이따금 붉은 술이 달린 둥글고 흰 모자를 쓴 기병 여섯이 앞장서기도 한다.

봉천 여성들은 발을 묶어 오그라뜨리지 않는다〔전족 풍습을 따르지 않는다〕. 그녀들의 걸음걸이는 우아하다. 머리는 종이칼만 한 폭의 금은金銀 띠로 묶었고, 머리 뒤쪽으로 흔히 조화造花를 꽂는다. 거리는 북경보다 더 넓고 청결하다. 시내 어디나 번창한 모습이다. 봉천은 세계에서 가장 큰 모피 시장일 것이다. 중국 전역에서 이곳으로 모피를 사러 온다. 외국인에게는 더 비싸게 부르는 점을 감안하더라도, 모피를 아주 좋은 조건에 구입할 수 있다. 시내 중심가의 궁궐은 대단히 훌륭하다. 그 황색 기와지붕은 북경의 궁궐과 비슷하다.

봉천의 원주민들은 중국 어느 곳보다도 기독교를 환대한다. 선교사들이 운영하는 병원도 있다. 의과대학도 있어, 만주의 청년들이 이곳에서 4년간 수업을 받는다. 이 지역의 고위 인사들이 이런 기관의 유지에 기여한다. 그러나 외국인은 중국의 고관이나 사업가들이 실제로 관대하다고는 보지 않는다. 물론 그들은 엄청난 수탈로 막대한 부를 쌓아올렸지만, 선행을 베푸는 데는 별로 구애받지 않는다.

전당포는 시내에서 가장 큰 건물이다. 어느 면에서는 은행 역할도 하고 있다. 이자율은 정부에서 정한 기준에 따르는데, 높은 편은 아니다. 업주들은 '찾아가지 않은' 담보물을 처분함으로써 수익을 낸다. 2년 안에 찾아가지 않는 물건은 전당포 소유가 된다. 북경과 통주通州가 연합군에게 약탈당했을 때, 전당포는 연합군이 차지한 가장 풍요로운 광산이

만주의 코사크 기병대

선양 원주민들

었다. 바로 이곳에서 대단히 아름다운 담비 외투와 귀중한 옥장신구들이 나왔다.

봉천 근처에 실질적으로 이 도시를 다스리는 거대한 군사령부가 있다. 군대는 시내를 점령하고 있다. 러시아인들은 여전히 만족할 줄 모르고 주어진 여건을 활용해서 시내로 철도의 지선을 끌어들이려 한다. 그렇게 되면 철도를 지킬 수비대가 또 필요해질 테니까! 사실 이런 구실은 이제 쓸데없어 보인다.

동중국철도는 이 나라의 모든 주요 도시를 지나며 또 절대적인 간선 역할을 하고 있다. 결국 1900년 이후, 러시아가 중국이 보유할 수 있는 무력을 철저히 감시하고 있다는 사실을 잊지 말아야 한다. 각 화기에 고유번호가 붙어 있고, 그 수치는 극도로 제한된다. 모든 화기는 구식이다. 중국인이 러시아에 주문해서 확보한 것만 제외하고. 중국인 병사들은 러시아로부터 '정기적으로' 급료를 받는다. 중국인으로서는 새로운 일이며, 그 자체로서 병력을 공급하기에 충분할 것이다. 중국인은 외국 군대에 종사하지 않을 만큼 애국심이 강하지는 않다.

티에링鐵嶺은 얕은 산들에 둘러싸인 그림 같은 곳으로, 오래전부터 중요한 도시가 될 것으로 기대되어 왔다. 러시아인은 이곳에서 늘 그렇듯이 억세게 일하고 있다. 녹색의 둥근 지붕에 황금빛 십자가를 올린 멋들어진 성당 주변에 석재나 목재로 지은 건물들이 줄줄이 들어서기 시작했다. 물론 군 기지도 완공되었다. 그렇지만 주택들이 완전히 들어차지는 않았다. 아직도 더 들어올 주민을 기다리는 듯하다. 다른 시베리아횡단 구간의 정거장들처럼, 여기에도 어린 나무들을 심었고 울타리를 쳤다. 정원 한가운데에 우물이 있고, 그 둘레는 화단으로 꾸몄다. 이런 모습도 러시아의 다른 역들과 마찬가지다. 샘과 꽃과 녹음이 우거진 그늘은 신선하고도 그윽한 맛을 자아낸다. 먼지투성이에 숨 막히는 열차들이 지나가고 나면 더욱 그렇다.

하얼빈의 활기

여기저기 쉼터와 노점들도 많다. 이런 것들이 시베리아에서 공원을 대신할 것이다. 왜냐하면 주민들에게 중요한 관심사의 하나는 특급 열차가 정차하는 것이기 때문이다. 이런 역들에서 아주 흥미로운 사람들이 몰려드는 것을 목격한다. 야성적인 눈빛의 부랴트 족, 조랑말을 타고 온 몽골의 여러 부족들이다. 이들은 이동 동물원을 구경하듯이 이 특급 열차를 보러 온다.

둘째 날 오후에 우리는 하얼빈에 도착했다. 계속해서 여행하는 손님들에게 두 시간의 정차 시간이 주어졌다. 그러나 시간 여유가 좀더 있고, 러시아인들이 그렇게 정력적으로 사업을 추진하는 모습을 확인하려 한다면 하얼빈은 더 오래 머물 만하다. 도시에 근접할수록 더욱 풍성한 수확을 예고하고, 인구 또한 많았다. 열차에서 내린 나는 전혀 예상치도 못한 활기와 사람들의 움직임 속으로 끼어들게 되었다. 그곳의 분위기는 심지어 여순보다도 활기차고 시끌벅적했다. 대합실은 러시아인의 습관대로 열차를 기다리며 죽치고 있는 사람들로 넘쳐났다. 늘 그렇듯이 숨을 헐떡이며 손님을 잡으려는 사륜마차꾼들, 소란스런 사람들로 넘치는 식당. 만주 한복판에서 이런 모습을 보게 될 줄은 미처 몰랐다. 하얼빈의

하얼빈 역에 모여 있는 사람들

하얼빈의 외국인 거류지

하얼빈 시내

신도시는 3년 만에 조성되었다. 넓은 공원과 극장, 가두판매점, 기상관측소, 대성당[주교좌 성당으로 한국에 파견된 초기 선교사들이 소속되었던 곳] 등도 눈에 띄었다.

제방 한쪽에는 미국 설비를 들여놓은 제분공장이 활발하게 돌아가고 있다. 철로에서 가까운 강변에 자리 잡고 있어 생산이나 운송에 두루 유리하다. 강은 기계류를 운반하는 데 경비를 절약할 수 있는 길이다. 철도 수송은 꿈도 꾸기 어려울 정도다. 시내는 완전히 전기로 밝혀지고, 전철도 건설 중이다. 또 흥미롭게도 하얼빈에서는 세계 어느 나라 사람이든 다 볼 수 있다! 블라디보스토크에서 온 러시아인과 미국 상사 대리점의 직원들이 많았다. 영국 사람은 단 한 명도 없었다. 지난해에는 모두들 토지에 엄청나게 투자해서 러시아인들이 큰돈을 벌었다고 한다. 몇몇 구역은 땅값이 터무니없이 높다고 여겨질 것이다. 또 광대한 주변 지역은 어떤 농사에도 적합할 만큼 매우 비옥한 땅이다. 그렇지만 밀만 경작되고 있을 뿐이다.

비옥한 초원과 유랑하는 짐승

강은 이 나라 대부분의 지역으로 통하는 경제적이고 용이한 소통 수단이다. 하얼빈은 이곳에서 생산한 뒤 각 지역으로 공급할 수 있는 온갖 종류의 산업자재를 엄청나게 비축하고 있다. 독일인은 이 분야 사업에서 성공을 거뒀다. 함부르크의 쿤스트&알베르스 상사는 이곳에 큰 기업체를 소유하고 있다. 미국인 몇 명은 사업을 더욱 세련되게 추진했지만, 영국인은 완전히 배제되었다. 영국인이라면 하얼빈에서 땅 한 뙈기를 사들이거나 상점 하나 개업하기도 어려울 것이다. 대련과 여순 있 이곳에서도 지칠 줄 모르는 활력과 열의를 볼 수 있는데, 오히려 그곳들보다 더한 듯하다. 최근 객실이 400개나 되는 호텔이 문을 열었는데, 내가 묵는 동안 단 하나의 방도 비어 있지 않았다. 하얼빈에 있는 중요한 기지에 성이 차지 않은 러시아는 또다시 군대를 수용할 거대한 건물들을 짓고 있다. 이 도시는 만주의 상업거점으로서(지금은 그렇지 않더라도 곧 그렇게 될 것이다), 러시아가 이곳에 군사적 점령 사령부를 둘 게 뻔하다.

하얼빈을 떠나면서 우리는 송화강을 건넜다. 또 몇 시간 동안 시내 남쪽에서와 마찬가지로 풍요로운 수확을 기다리는 광활한 평야를 지났다. 그런 다음 농지가 점차 초원으로 바뀌다가, 저녁 무렵에는 작은 조랑말을 탄 원주민들이 지켜보는 가운데 거대한 짐승의 무리가 몰려다니는 광대하고 푸른 고장을 통과했다.

10장

만주의 중요성

리네비치 장군과 간부들

러시아는 어떻게 만주를 점령했을까

영국 본국인들은 세계적으로 인구가 급속히 늘어나는 가운데 만주라는 지역이 차지하는 중요성을 제대로 가늠하지 못하고 있다. 만주는 면적이 90만 평방킬로미터로, 영국의 다섯 배, 일본의 두 배에 달한다. 중국의 세 지방이 이 영역에 포괄된다. 다만 실제로는 러시아에 속하지만 그렇게 불리고 있다. 그중에서 남부의 봉천이 가장 중요하며 인구는 1200만이다. 봉천은 수도로서, 만주왕조[청조]의 조상 땅이다. 동부의 길림은 한국과 인접해 있는데, 주민은 700만 명이다. 흑룡강 지방에는 약 200만 명이 살고 있다. 이는 중국에서 내놓은 추정치이다.

그러나 이 수치는 다른 네 가지 요인에 의해 늘어나고 있다. 우선 러시아인은 이른바 철도수비대, 즉 시베리아철도 직원과 그 밖의 관리들을 늘리고 있다. 러시아에서는 이주민들이 몰려오고 있다. 또 한국인들이 길림 지방에 정착하려고 대거 국경을 넘어오고 있다. 그런 한국인 월경자는 10만 명 정도로 추산된다. 이들은 한국보다 만주에서 더 나은 생활을 하고 있다. 이곳에는 한국의 고질적 병폐인 하급 관리들의 억압이나 부패도 없다. 일본의 밀매업자와 상점들도 꾸준히 진출하고 있다. 만주 주요 도시들의 거리마다 일본인 상점의 간판이 즐비하다. 더구나 이제 극동에서 일본인 사진관이 없는 마을은 단 한 곳도 보기 어려울지 모른다. 일본인은 매우 능란한 밀매업자이자 소매상이다. 러시아는 그들과 경쟁하느라 정신이 없다.

또 하나의 요인은 인구의 폭증이다. 러시아인이 끌어들이는 인부들의 수효가 엄청난데, 특히 연대에서 들어온다. 철도 부설이나 그 선로 인근에 있는 여러 도시의 건설 현장에 투입되는 인부들이다. 철도수비대나 국경경비대는 전에 왔을 때는 5만의 규모였지만 지금은 훨씬 더 늘어났다. 상시적으로 근무하는 수비대는 5킬로미터 간격으로 진을 치고 있다. 더구나 관리와 이주민, 병사들에게는 가족을 데려오도록 적극 권장하고 있다. 이들에게는 주거와 그 밖의 정착에 필요한 모든 편의가 제공된다. 이곳에 보이는 병영과 관리의 거처는 시베리아에서는 좀처럼 볼 수 없는 수준 높은 시설이다. 만주에서 그런 건물들은 모두 벽돌이나 석재로 짓는다. 대부분이 목재 건물인 시베리아의 경우와는 다르다.

러시아는 1900년 5월에 이 지역을 군사적으로 정복하기 시작했고, 그러한 점령 상태는 지금도 계속되고 있다. 7월 21일에 러시아 황제는 그로데코르 장군을 사령관에 임명했고, 일주일 뒤에 그는 블라고베셴스크에서 중국인들을 제압했다. 당시 다섯 개 사단이 각기 다른 방향에서 하얼빈을 향해 만주로 진입했다. 사하로프 장군은 송화강을 따라 진군했고, 리네비치 장군은 여순에서 출발해 우장을 점령했다. 그리고 다시 봉

만주 신도시 건설 현장

러시아 군영

천을 거쳐 하얼빈으로 진입했다. 케넨캄프 장군은 아홉 시간의 전투를 벌이며 수많은 양민을 학살하고 그 일대를 불태우고 나서 아이훈을 점령했고, 그곳에서 다시 치치하얼〔齊齊哈爾〕로 향했다. 치차고프 장군은 동부 사단을 지휘하면서 포시에트 만에 상륙했고, 다시 닝구타〔寧古塔〕로 진군하면서는 이렇다 할 저항을 받지 않았다. 오를로프 장군은 서쪽에서 출발해 약 4000명의 중국군을 격퇴하고 나서 하일라르〔海拉爾〕로 향했다. 그는 도중에 강력한 저항에 부딪히고 나서 11일 동안 하루 32킬로미터를 강행군하여 9월 1일에 치치하얼의 케넨캄프 장군과 합류했다.

짧고 강력하며 결정적인 이 원정에서 러시아는 대단히 가혹한 압박을 가했다. 제일의 노림수는 주민들을 공포에 떨게 하려는 것이었다. 장군들은 사실상 복수심에서 작전을 수행했다. 그들은 어느 한 도시를 점령했을 때는 무고한 민간인들 상당수를 체포하기도 했다. 그리고 100명에 1명, 혹은 10명에 1명꼴로 처형하기도 했다. 이 원정의 진상을 절대로 파악할 수 없을지도 모른다. 그렇지만 몇 가지 드러난 사실만으로도 우리는 그 참상을 짐작할 수 있다. 예컨대 『타임스』 지의 아치볼드 리틀 부인은 이런 기사를 썼다.

"전쟁 중에는 태우고 파괴하라"

"그리브스키가 블라고베셴스크에서 무엇을 해야 할지 묻는 전보를 쳤을 때, 하바로프스크의 총독은 이렇게 답했다. '전시에는 불을 지르고 파괴하라.' 그리고 중국인들을 잡아들여 그들이 다룰 줄도 모르는 선박에 태웠다.

어머니들이 아이들을 강변으로 던지면서 무고한 아이들만이라도 살려달라고 애원하는데도 카자크 병들은 아이들을 총검으로 찔러 토막 냈다. 아이훈은 카자크 기병대가 철저히 초토화한 모습 그대로였다. 남은 것이라고는 높은 굴뚝뿐이었다. 수만 명의 주민도 거의 남아 있지 않았다. 그러나 공개된 사진은 학살이 벌어지기 전, 사할린 지방의 중국 도시 모습이었다. 사진에 찍힌 것은 학살 이후에 이루어진 종교적 자선 장면이다. 사진사는 사할린이 학살 때문에 변한 것이 아니며, 결국 러시아의 전초기지로 발돋움한 것이라고 말했다. 지금도 여전히 사람들은 이렇게 말할 것이다. 졸지에 그곳에 던져진 무고한 중국 주민들의 시체로 강줄기가 막혔다고. 사할린에서 폐허 상태를 촬영한 또 다른 사진도 있다. 사진에는 블라고베셴스크의 숙녀들 뒤로 아직도 연기가 피어오르는 폐허가 보인다.

종교단체를 촬영한 사진 한복판에 커다란 십자가와 신부들이 둘러싼 성소가 보인다. 그리브스키 장군이 고위 인사들과 지휘관들을 거느리고 있다. 그들 모두가 전능하신 하느님께 감사의 기도를 올리고 있다. 자신들이 주민 5000~6000명의 도시를 파괴할 수 있도록 한 데 대해서 말이다. 이들 가운데 그 누구도 러시아를 비난하거나 논박하지 않았다. 오히려 그때까지 그들의 상점과 집에서 무거운 짐을 나르며 봉사하거나 그저 쟁기질이나 하던 사람들, 남성만이 아니라 여성, 아이들까지 모조리 살육당했다. 이렇게 볼 때 그 일대의 모든 중국인 정착지가 마찬가지 운명을 겪었을 것이다.

만주에서 서부의 원정대를 지휘한 오를로프 장군은 이른바 징계를 받았다. 그가 사령부에 보낸 전문에 다음과 같은 문구를 추가했다는 이유 때문일지도 모른다. '무고한 주민을 아낄 수 있도록 해주시기 바랍니다.'

이제 중국에서 주로 아무르스키 카자크 족으로 구성된 부대에 대해 과도하게 책임을 물으려 하지는 않는다. 그들에 대해 하는 말은 한결같다. '카자크족은 사람 죽이기를 꺼린다. 그렇지만 일단 자신들 중 누군가가 죽으면 돌연 냉혹해지고, 장교의 명령을 받은 경우에는 누구의 목숨도 가리지 않는다.' 그렇다면 장교들이 그들에게 인명을 존중하지 말라고 했다는 말인가! 몇몇 장교들은 이런 말도 했던 모양이다. '말할 필요도 없지만, 나도 헤이그(덴 하흐) 협약을 준수하는 사람입니다.' 어쨌거나 러시아인의 생각은 너무 빤히 드러난다. 즉 그들끼리 말하듯이, 초장에 적을 공포로 몰아붙여야 한다는 것이다. 무엇보다도 이 원정이라는 사냥에서 그렇게 하는 것이 차라리 가장 자비로운 방법이라고."

중국인에 대한 이와 같은 현저한 테러 움직임에 대해 러시아인은 전혀 개의치 않는다. 중국의 광대한 땅에 이 무서운 진군의 발자취가 새겨지고 있다. 러시아인은 중국 주민들의 기를 완전히 꺾어놓았다. 거침없이 휘두르는 이런 잔인하고 야만적인 수법으로 소기의 목적을 이루자, 러시아인은 곧 정책 노선을 싹 바꾸었다. 그들은 이제 전에 없던 배려와 관용의 자세로 중국인을 대하는데, 특히 각별한 관계에 있는 듯 보이는 지역 유지들과 관리들에 대한 러시아 장교의 태도는 주목할 만하다. 병사들은 중국인의 땋은 머리를 잡아당기거나 때로는 가볍게 툭툭 치며 장난을 걸기도 한다. 내가 보기에 러시아인의 민주적 평등 의식은 일찍이 영국인이나 미국인과 황인종 사람들 사이의 그것보다는 나은 것 같았다. 과거 인도에서 영국 관리들은 현지의 고위 인사들과 원만한 관계를 맺은 적이 없다. 영국인은 사실 상당히 경멸적인 태도로 황인종을 '흑인' 대하듯 한다.

얼마 전 나는 일본에서 열차 여행을 한 적이 있다. 한번은 같은 객차에서 도쿄의 영국 공사관 직원과 마주쳤다. 그의 일행 중에는 일본인 신사 셋이 있었다. 그중 둘은 런던의 일본 공사관 소속으로, 영어를 유창하게 구사했다. 잠시 후 이 영국인의 친구들인 신사숙녀 한 쌍이 같은 칸에 올랐다. 그들은 '세계를 유람하고 있는' 부호 같았다. 그 신사는 반듯한 정장에 작은 여행 모자를 쓰고 각반을 찬 모습이었는데, 어쩐지 랭커스터 직물상이나 리버풀의 무역상 같은 인상이었다. 그와 동승한 숙녀는 일본 사람들을 마냥 무시하는 태도로 이렇게 말했다. "원주민들에게도 여기 일등칸을 타게 하다니 놀랍군요!" 그러자 그 남편도 동조하면서 같은 어조로 목청을 높였다. 고문을 당하듯 당황스러워하는 영국 청년 외교관의 절망감 따위는 아랑곳하지도 않았다!

만주는 지금 그야말로 평화롭다. 군사적으로 말이다. 그러나 이면에서는 또 다른 싸움이 벌어지고 있다. 바로 황인종과 러시아인 사이의 상업전쟁이다. 소매상인 중국인을 물리치기는 어렵다. 그들은 이제 이르쿠츠크까지 진출했고, 그 너머까지 나간 사람도 있으며, 현지 사람들과의 거래에서 러시아 소매상을 따돌리고 있다. 중국 상인들은 조계 항구로 수입된 영국과 미국 제품을 널리 퍼트린다. 만주에서 영국 상품은 이렇게 간접적으로만 유통되고, 거래 시장을 극히 일부분만 확보하고 있을 뿐이다. 실제로 영국인은 대련을 제외한 다른 곳에서는 토지를 매입하거나 건물을 짓거나 혹은 상점을 열 권리가 없다. 많은 상인들이 몰려드는 하얼빈에서는 인구도 빠르게 증가하지만 부동산 가격도 급등하고 있다. 제분소도 큰 수익을 얻고 있다. 그중 한 곳은 1900년에 미화 9만6000달러를 들여서 지었는데, 첫해에 8만7000달러의 순익을 올렸다.

만주에서는 전기, 전차, 전화 등 현대 도시에 필요한 모든 것이 동시다발적으로 등장하고 있다. 이런 도시들을 보통의 시베리아 도시들처럼 생각하면 오산이다. 각종 기계와 설비, 자재, 나아가 복잡한 부품들까지 요구되는 실정이어서, 상대적으로 영국의 제조업체들은 이 시장에서 완전히 배제된 셈이다. "어떤 노력도 영국인에게는 허사다"라고 아예 단정하는 편이 낫겠다. 좋은 뜻의 제안을 한 경우에도 관리들 귀에 들어가면 이런 말을 듣게 될 것이다. "일시적 점령 기간에는 모든 일에 한계가 있고, 이 나라의 식민화가 더 진전되면 외국인이 좀 더 자유롭게 움직일 수 있을 것이다."

닫힌 문을 두드리다

러시아 역시 만주의 문을 걸어닫고 있다. 비록 한두 곳은 개방을 핑계로 일말의 틈을 보이기는 해도. 이런 정책은 어디서 비롯된 것일까? 러시아인은 더욱 약삭빠른 유럽인이나 아시아인에 비해 사업상의 운이 좋은 편은 아니다. 소매상 혹은 상점 주인인 그들은 중국인이나 일본인을 앞지르지 못한다. 게다가 더욱 중요한 사업들, 즉 영국이나 독일, 미국과 경쟁하는 제조업 등에서는 종종 판단이 어긋난다. 러시아의 고위 당국자들은 이런 사실을 잘 알고 있다. 또 굼뜨고 보수적이며 사업가적 기질이라곤 거의 없는 동포를 지원할 유일한 방법은 다른 경쟁자들을 제거해서 아예 경쟁할 여지를 남겨놓지 않는 것일 뿐이라는 사실도 잘 알고 있다.

중국 상인들은 만주뿐만 아니라 시베리아의 주요 도시들에서도 두각을 나타낸다. 그들의 사업은 그야말로 발전 일로에 있다. 그들은 싼값에 팔고, 또 비록 유대인보다 수익을 적게 올리더라도 만족하는 편이다. 크랜본 경의 경우처럼, 현실을 있는 그대로 보고 공허한 말장난에 솔깃하지 않는 사람에게 러시아가 만주를 병합했다는 것은 자명한 사실이다. 러시아인이 현지에 있고, 또 전쟁을 하게 되더라도 그곳을 지킬 것이다. 그들의 외교 활동은 감탄할 만큼 능란하게 이루어지고 있지만, 이곳을 정복하는 데는 1900년에 중국인들에게 뒷돈으로 지불했던 액수 이상은 들지 않을 것이다.

이런 상황에서는 어떤 강자도 만주에 관련된 전쟁을 선포하지 못할 것이다. 일본은 힘겨운 시도를 하면서 그곳에 발을 들여놓기 전까지는 새로운 선동을 자제할 것이다. 다만 실제로는 이런 문제가 있다. 가령 열강이 러시아가 이 나라를 병합하는 것을 허용한다고 가정하더라도, 과연 러시아가 만주의 문을 걸어닫는 것까지 가만히 보아 넘길 수 있을까? 지구상의 모든 지역의 상인과 제조업자, 무역업자들이 지켜보는데도 말이다. 문을 열라는 것은 오늘날 이 시점에서는 엄연한 요구다. 프랑스와 독일처럼, 러시아와 정치적으로 공감대를 이루고 있는 나라들은 극동에서 벌어지는 러시아의 〔군사적〕 원정을 모른 척 눈감아주는 격이지만, 그렇다고 정말로 만주의 개방이라는 결과와 상업적 보상까지 잃으려 하지는 않을 것이다.

전반적인 기한도 다가오고 있어, 우리는 〔중국에서 영국군이〕 철수하는 것을 보게 될지 모른다. 크랜본 경은 하원의 질의에 답하면서 정말로 가까운 장래의 철군을 믿는다는 듯이 말했다. 이에 대해 『타임스』 지 북경 특파원 모리슨 박사가 냉소적인 기사를 썼다고 해서 놀랄 일도 아니다. 하원의 일부 의원은 사업가들인데, 그들이 크랜본 경의 답변에 만족스런 반응을 보였다면 정말이지 황당한 일이다. 러시아에 만주의 문을 열라고 요구하기에는 이제 때가 너무 늦었다고 할 수 있다. 최상의 기회를 놓쳤다. 러시아인이 철도 요금을 마음 내키는 대로 조정할 수 있게 되었기 때문이다.

만주의 금광과 탄광

무심한 여행자가 보기에도 이곳 농산물은 풍부해 보이며, 광산자원은 아직 뚜렷한 조사도 못 하고 있다. 겨우 몇몇 지역에 대해서만 약간의 시도를 했을 뿐이다. 이곳의 지층은 철저하게 탐사된 적이 없다. 그런데 이런 별것 아닌 조사만으로도 상당한 양의 석탄과 금광의 존재를 입증하고도 남았다. 그런 별것 아닌 조사만으로도 만주가 어쩌면 세계에서 가장 중요한 광업기지라는 소리를 들을 수도 있다는 사실을 알리기에 충분했다.

시베리아에는 미개지가 널려 있다. 러시아는 그곳에 주민들을 정착시키고자 많은 노력을 기울이고 있다. 특히 유럽 쪽 주민을 이주시키려고 한다. 러시아는 향후 50년 혹은 100년 이내에 만주 전역을 완전히 삼키기 위해 당장 자국민을 이주시키는 데 더욱 주력할 것이다. 그러지 않을 것이라고 볼 만한 근거는 있는가? 여기서 열강이 관용을 보인다면 이는 정말로 상식을 벗어난 처사일 것이다. 닫힌 문은 과감히 두드리면 다시 열리게 되어 있다.

이번 만주 여행에서는 침대칸을 운영하는 회사의 직원이 갖고 있던 유성기도 이목을 끌었다. 어느 날 저녁에는 흡연실에서도 그것을 틀어놓았다. 열차가 멈추면 역 주변으로 몰려드는 원주민들이 이 기계 소리를 들어보려고 난리였다. 쒀룬索倫 역에서는 무척 흥미로운 청중도 만났다. 철도 인부와 병사들, 객차에서 내린 이주민들, 양털로 지은 기름때 묻은 옷을 걸친 수많은 부랴트 족들이 북적대며 몰려들었다. 우리는 그들이 입을 내민 채 유성기를 들여다보는 모습을 즐겁게 바라보았다!

유성기는 낯선 오페라 아리아에 이어 기막힌 러시아 성가 한 곡을 들려주었다. 성가를 부르며 녹음을 했을 대성당의 반향까지 울려나왔다. 그 소리가 조용한 밤공기를 타고 퍼지자, 늙은 농부들을 비롯해 사람들이 모피 모자를 벗어들었다. 거칠어 보이는 부랴트 족도 눈을 번득이며 그들을 따라했고, 모든 사람이 모자를 벗은 채 자신들이 아는 이 성가를 경청했다.

11장

몽골을 거쳐 제국으로 가는 길

부랴트 족과 역장이 이야기하는 모습

그로트의 능수능란한 외교술

러시아는 몽골과의 관계에서도 만주에서와 같은 행보를 보였다. 결과도 엇비슷하다. 동화同化나 정복이라는 것은 순식간의 일일 뿐이다. 강력하고 능란한 외교와 시베리아철도, 그리고 러청은행의 중개를 통한 수백만 루블의 합법적 투자 덕분에 러시아는 방대한 영토를 장악하고 넓혀나갈 수 있었다.

우선 몽골의 입지 여건부터 살펴보자. 시베리아철도는 싱안링〔興安嶺〕 산맥에서 바이칼 호수에 이르는 북방 국경선을 바짝 따라간다. 몽골은 동으로는 만주, 남으로는 만리장성과 접하며, 칼간은 북경에서 60마일밖에 안 된다. 인구는 권위 있는 통계에 의하면 200만쯤 되고, 면적은 130만 평방마일이다. 이 나라 대부분은 고비사막이다. 많은 문인이 그 황량함을 과장했지만, 사실 그곳은 말과 낙타들이 의지하는 양질의 초원지대이다. 이 나라는 탐사된 적이 별로 없지만, 광물자원이 엄청나다고 알려져 있다. 러시아는 3년 동안 이곳 금광 일부를 개발해서 상당한 수익을 올리기도 했다.

러시아 침략의 역사는 더욱 흥미롭다. 이 나라에 대한 첫 조사는 그로트라는 인물이 우르가에 러청은행 지점을 개설하면서 이루어졌다. 그로트는 일찍이 상해의 중국 해관海關에 근무했었다. 로버트 하트 경 밑에서 일했던 그는 유능하고 놀라운 추진력을 지닌 인물이었다. 그로트는 북경에서 활약한 포코틸로프를 본받아 관료로서의 자질을 금융인의 자질과 결부시켰다. 우르가에 부임한 지 얼마 되지도 않아서 그는 투세트칸〔부족장〕을 은행 고객으로 끌어들였고 또 가장 큰 채무자로 만들었다. 그로트는 또 우르가 근처의 금광맥과 자원을 알게 되었으나, 금을 비롯한 기타 광물의 채굴이 금지되었기 때문에 별 진전을 보지는 못했다. 몽골의 부족장들은 중국 황제의 봉신이었고, 광산 개발을 하려면 황제의 허가를 얻어야 했다. 그런 까닭에 이들은 북경 주재 러시아 공사에게 지원을 호소했고, 결국 러청은행에 허가가 떨어졌다.

어쨌거나 칸은 이에 반대하면서 과거의 법을 지키려 했다. 그로트는 이미 미국의 설비를 구입해 설치해놓은 상태여서 조바심이 났다. 이런 위기에 그는 대大라마를 찾아가 칸에게 영향력을 행사해달라고 호소했다. 노회하고 간계가 뛰어난 보그드 게겐은 그의 말을 경청하며 1만5000루블을 점잖게 거두어들였다. 그러나 일단 돈을 수중에 넣자 그로트를 단호하게 외면했다. 그러자 이번에는 그로트에게 우호적인 러시아 영사 히슈마리에프가 우르가의 중국 고관을 찾아갔다. 그렇지만 중국 고관은 금광 채굴권에 관한 한 정부의 재가를 받을 수 없었다. 결국 그는 이 일에 완전히 두 손을 들고 말았다. 교활하게도 이 러시아 영사는 이런 상황에 잘 대처해서, 중국 고관이 주군의 명으로 몽골에 대한 종주권을 포기하는 것처럼 보이도록 했다. 우르가에서 소요가 일어나던 시점에서, 투세트 칸은 이런 입장을 지체 없이 수용했다. 그러면서 그는 원로회의〔쿠릴타이, 일종의 상원 같은 기능〕를 소집했다! 회의는 요란했다. 상당수 원로는 모든 외국인의 추방을 위해 민병대를 동원하자고 주장하면서 나라의 완전한 독립을 다지려 했다.

바로 여기에서 그로트의 능란한 외교술이 드러나게 된다. 심지어 그는 이런 기회를 러시아에 유리하게 활용하려고 서둘렀다. 그는 몽골이 상거래의 발전으로 얼마나 부유해졌고, 또 러시아 법의 보호 하에 부랴트 족이 번창하고 있음을 주목하게 만들었다. 게다가 만약 칼간까지 시베리아철도 지선을 부설하도록 은행에 허가한다면 몽골에 얼마나 큰 이익을 안겨줄지, 또 외국의 압박과 침략에 맞서 이 나라를 보호하자는 데 동의하는 러시아 황제의 호의가 얼마나 두터운지를 설명했다. 그로트는 자신의 노력에 힘을 실어 보이려고 원로의원들에게 기부도 했다. 100만 루블의 합법적인 증여였는데, 가난하고 불운한 이 신사들에게는 기적 같은 선물이었다. 그 결과 기존의 몽골 민병대가 승인되었다. 칸과 그 동포는 이제 러시아 황제의 보호 하에 들어간 것이다.

금세 부랴트 족의 기병대 네 개 부대가 우르가에 도착했다. 이들은 불교도였고, 그들을 정중히 반긴 원주민과 같은 말을 사용했다. 모사꾼 그로트는 서둘러 은행을 강화했다. 이렇게 해서 러시아 영사는 장차 제쳐버리게 될 중국 황제의 어떤 억압에도 완강하게 맞서서 도시를 보호할 수 있게 되었다. 금광 채굴 작업도 새로이 활기를 띠어, 즉시 막대한 성과를 올렸다. 한 달 만에 3만 파운드 가치의 금을 얻었다.

그 후 몇 달이 지나고, 의화단이 난을 일으켰다는 소식이 우르가를 술렁이게 했다. 러시아인이 이 사건을 더욱 확대하면서 적절히 활용하지 않을 리 없었다. 카자크 기병대가 남쪽으로 급파되었다. 우르가에 기지를 증설했고, 이번에는 보병대와 세 개 포병대까지 주둔시켰다. 그렇게 해서 관련 시설이 만주를 관통하는 철도변에 들어서게 되었다. 몽골과 만주의 농촌지역이 오직 '의화단이라는 공포' 때문에 하나로 뭉쳐진 것은 아니었다. 러시아인이 우리에게 만주를 주목하게 하고 또 자신들의 대규모 군사 행동을 정당화하려는 구실로 삼은 비적匪賊과 차하르 족도 있었다. 그래서 이들을 응징한다고 카자크 기병대를 파견했던 사실은 굳이 언급할 필요도 없다. 차하르 족을 응징한다는 카자크 족, 그리고 '의화단의 공포'가 끝나고 나서 살아남은 자들은 훗날 철도가 지나는 길의 최전선을 지키는 척후병이 되었다. 이들은 스완체Swan-tze까지 진출했다. 이곳에 그들은 견고한 요새 기지를 건설했다. 중국의 낡은 장벽은 이제 전진하는 현대식 군대 앞에서 더는 장애가 안 되었다. 결국 러시아인을 북경 110킬로미터 근처까지 끌어다놓은 셈이다.

중국에서 상당한 정보력을 지닌 사람들은 러시아와 중국 황실 간에 밀약이 이루어졌다고 본다. 그 덕에 러시아는 최악의 경우에도 만주왕조를 방비할 여력을 갖게 된다. 러시아 황제가 투세트 칸을 보호하면서 몽골에 침투하는 것과 마찬가지로, 중국에서도 지배 왕조를 공격하려는 혁명세력으로부터 서태후를 방어할 태세였다. 온갖 음모로 가득 찬 중국에서는 그런 기회가 언제든 찾아올 수 있다. 최근의 몽골 철도를 통해 러시아는 중국 수도에서 단 이틀이면 닿는 지점까지 와 있고, 더구나 왕조를 방어하기 위한 무력까지 고려해야 하는 상황 아닌가! 바로 이런 배경에서

칼간 철도

러시아는 제국 북부지역에 대한 보호자적 입장을 쉽게 펼칠 수 있었다.

몽골에서 러시아인 관리와 병사들의 처신은 훌륭하다고 인정해야 한다. 그들은 그렇게 해서 주민들로부터 환대를 받았고, 이 나라의 진정한 수호자로 자처하는 데 성공했다. 1900년 12월, 그들은 우르가에서 황제의 우의와 보호의 연장을 선언하고 축하하는 축제를 열 수 있었다. 바이칼 지역의 총독 마치에프스키 장군이 이르쿠츠크로부터 황제를 대신해서 참석했다. 황제의 깃발이 러시아인들의 무한한 기념과 갈채 속에 올라간 가운데 성대한 연회가 이어졌다. 총독은 그 자리에서 의미심장한 연설을 했다. 그는 새로운 이해와 동맹의 결과로서 몽골의 남쪽 국경을 확장할 수 있을 것이라고 공언했다.

불가피한 국경수비

러시아 사람들로서는 그처럼 깃발을 올리면 굉장한 힘을 발휘하게 된다. 특히 니콜라스 1세 황제가 그들의 외교관과 병사들을 위해 격언조로 한 유념할 만한 발언 때문이다. 네벨스코이 제독은 당시 동쪽으로 진군해 아무르 지방까지 병합했다. 제국 의회는 이에 반대하며 제독의 소환을 요구했다. 하지만 니콜라스 1세는 이렇게 대응했다. "러시아 국기는 올라가면 다시는 내려오지 않는 법이니라." 아무르 지방에 대해서 1846년에 공표된 이 원칙이 이제 몽골에 적용된다.

1900년 12월, 러시아인들은 칼간에 이르는 철도 부설 공사를 7개월 만에 끝냈다. 이 지역에서는 별다른 난관이 없었다. 그 증거로 거대한 견인 차량과 측량사들이 공정 기간 내내 자동차를 이용할 수 있었다는 점을 들 수 있다. 과거 대상隊商들의 길은 중국에서 출발해 고비사막을 가로지르는 노선이었다. 이제 철도가 있기에 동쪽으로 더욱 멀리 이동할 수 있다. 철도는 킬간 산맥 기슭을 끼고 간다. 이곳에서는 터널과 큰 교량도 필요하지 않다. 시베리아나 만주에서와 마찬가지로 우선 예비 노선이 건설되었다. 향후 시간을 들여가며 거기에 돌을 채우는 등 항구적인 노선으로 발전시켜 나갈 것이다. 이 공사는 만주에서 온 기술자 보카로프가 지휘했다. 선로는 만주의 것과 폭이 같고, 칼간에서 북경까지의 노선이 완공되면(공사는 영국 정부에 의해 중단되었다) 유럽에서 북경까지 약 1500킬로미터가 단축되며, 북경에서 페테르스부르크까지는 8700킬로미터에 닿게 된다.

깃발을 올리다!

그 철도는 하일라르로부터 112킬로미터 떨어져 있으며, 남쪽 끝에서 부이르노르 호수의 동쪽으로 이어진다. 이 방향은 따라서 여러 지도에 기록된 것처럼 남동쪽이 아니라 남서쪽이다. 공사는 1901년 12월에 착수되었고, 러시아인 특유의 놀라운 힘으로 추진되었다. 동중국철도와 바이칼 횡단선에서 노동자와 기술자들을 파견했다. 대상 행렬은 캬흐타를 넘어 2000만 루블을 실어 날랐다. 공사 초부터 그 지역에서 가장 큰 비밀이 있었다. 이런저런 이유로 외국인은 이 고장 출입이 금지되었다. 예비 노선이 완공된 현재도 이 문제에 대한 정보를 얻기는 어렵다. 만주

철도와 마찬가지로 이 노선도 철도수비대가 필요하리라는 것은 두말할 나위 없다. 요새 기지와 생필품 매장들도 세워야 할 것이다.

오늘날까지 러시아인과 원주민 사이에 별다른 마찰은 없었다. 물론 금광으로 통하는 길과 통신선 개발을 둘러싸고 예외가 없진 않았다. 그래도 피보호자격인 원주민들은 놀랍고도 새로운 경험을 했다. 수많은 일터에서 적정 보수를 받으며 일하고, 자기네 영토에 거액이 쏟아져 들어오는 것을 목격했다. 이렇듯 몽골에서 은밀한 군사 행동이 순조롭게 이뤄지고 있어, 러시아인들은 하나같이 즐거워하는 눈치다. 또 금광의 수익금이 각종 공사에 투입될 것이다. 주택들이 즐비하게 들어서고, 철도 부설은 열강의 항의나 반대에 부딪히는 일 없이 진행되고 있다.

이렇게 러시아는 면적이 만주의 네 배나 되고 인구는 200만에 불과한 나라를 병합한 것이다. 여기서 지난 200년간 러시아 인구가 엄청나게 증가한 사실도 주목해야 한다. 이런 증가세는 앞으로도 꾸준히 이어질 텐데, 장차 1950년경에 지구상의 러시아인은 1억3500만 명이 넘게 될 것이다. 식민지의 확대가 얼마나 중요한지 이로써 알 수 있다.

12장

바이칼호

바이칼 호의 증기선 갑판에 오른 열차

유리한 개입

바이칼 호수를 건너는 일은 태평양 연안에서 모스크바에 이르는 기나긴 여로에서 만나는 가장 큰 난관이다. 새로운 철도노선이 여행자에게 즐거움을 보탤지 의문스럽다. 겨울 여로에서는 썰매를 7시간이나 타야 한다. 그러면서 호수 한복판에 있는 대합실과 식당을 거쳐야 한다. 러시아 사람들이 '성스런 바다'라고 부르는 바이칼 호. 세계에서 이만큼 큰 호수는 네 군데뿐이다. 세 곳은 아메리카에, 한 곳은 아프리카에 있다.

바이칼 호의 표면적은 3만4000평방킬로미터이다. 수심은 남동부에서 4000피트에 달한다. 철도를 부설할 기슭은 급경사에 깊은 함몰지대가 있는 험난한 지역으로, 수많은 터널과 교량이 필요하다. 부설 공사 총비용은 2500만 루블로 예상되며, 구간〔러시아 기준의 이정표 구간, 1067미터〕당 80루블에 달한다.

그토록 단조롭게 펼쳐진 광활한 평야를 주파하고 나면, 바이칼 호를 둘러싼 산맥과의 대비가 더욱 두드러진다. 고도는 해발 6000피트를 넘지 않지만, 거의 일 년 내내 눈에 덮여 있는 산맥은 특히 호수의 수면 위로 곧장 솟아오른 지점에서 경이로운 높이라는 인상을 준다. 크고 작은 섬들이 떠 있는 호수는 원주민의 특별한 숭배물이다. 라마 승려들과 부랴트 샤먼들은 올칸 섬에 들어가서 베그두지라는 악귀에게 제사를 올린다. 몽골 사람들은 이 섬이 자신들의 오랜 영웅인 칭기즈칸의 요새 기지였다고 여긴다. 송화강이 넘칠 때면 부랴트 족이 '하얀 군신'에게 제사하려고 인근의 곶串으로 순례에 나서는 것을 볼 수 있다.

이 호수는 화산 활동으로 생겼을 것이다. 격렬한 지진으로 땅이 내려앉으면서 형성되었다는 견해가 있다. 오늘날에도 약한 지진이 자주 일어난다. 호수의 동쪽 기슭에서는 양질의 파라핀을 함유한 채 환하게 타오르는 밀랍 같은 것도 볼 수 있다. 이 호수 끝자락에는 나프타 비슷한 유성油性 액체가 솟아나는 곳들도 있다. 이 지역은 아직 미개발 상태이지만, 여러 지표로 볼 때 석유가 매장되어 있다고 추정할 만하다.

살을 에는 삭풍과 겨울 사냥

바이칼 호는 11월에야 얼어붙기 시작한다. 줄기차게 불어대는 바람 탓이 아닐까. 그럴 때면 호수는 빠르게 얼음으로 뒤덮이는데, 9~10피트 두께로 얼어붙을 때도 있다. 해빙은 4월경에 시작되며, 멀리서 천둥 치는 소리에 비할 만큼 굉음을 내며 내려앉기도 한다. 수중에는 수많은 물고기뿐 아니라 바다표범도 서식하고 있는데, 부랴트 족은 얼음이 살짝 갈라질 무렵 이놈들을 사냥감으로 삼는다. 그들은 털가죽을 벗겨 코트를 지어 입기도 하고, 러시아 상인들을 상대로 유리한 거래를 하기도 한다. 이 바다표범은 북빙양 연안에서 보는 것과 같은 종이다. 카스피 해에서도 목격된다는 것은 지금으로부터 가장 가까운 지질시대에 북방 아시아가 전반적으로 크게 침하했다는 설을 더욱 설득력 있게 만든다. 전에는 아랄 해에도 서식했다는 주장이 있지만, 어쨌든 지금은 사라지고 없다.

바이칼 호의 수중에는 많은 원주민을 먹여 살리는 연어가 방대하게 서식한다. 브리티시 컬럼비아〔캐나다의 태평양 연안〕와 마찬가지로 이곳에서도 통조림 공장이 성공하지 못할 이유가 없다. 수면은 해발 1561피트이며, 남서부의 수심은 2624피트에 달한다.

아침 6시에 열차 밖을 내다보았을 때, 우리는 얼어붙은 채 눈에 덮인 바이칼 호수 옆을 지나고 있음을 알게 됐다. 8시에 미소바야에 도착했고, 거기서 화물칸을 기다리며 네 시간 정도를 지체해야 했다. 나는 그 사이에 시내를 둘러보았다. 후딱 둘러봤다는 얘기다. 역 인근에 목재로 지은 성당이 있었는데, 아주 은은한 종소리가 들려왔다. 종려나무 가지들이 오솔길을 덮었고, 그 틈으로 갑자기 장례 행렬이 나타났다.

시베리아의 장례 풍습

관을 성당 안으로 들여놓고 장례식이 두 시간 동안 거행되었다. 여자들은 대개 머리에 작은 숄을 둘렀고, 오른쪽에는 남자들이 자리 잡고 있었다. 성당 안으로 들어서기 전에 그들은 모두 양초를 구입하고서 식이 진행되는 내내 들고 있었다. 문가에 내가 본 그 어떤 것보다 그림 같은 걸인들이 죽 늘어서 있었다. 강물같이 긴 머리에 수염을 기른 이들은 지팡이에 기대 있었다. 반주도 없이 부르는 노래는 정말 뛰어났고, 단순한 것이 인상적이었다. 노래마디를 시작할 때마다 급하게 헐떡이지만, 끝날 때는 느리고 길게 늘어졌다. 러시아에서 이처럼 독특한 가락을 들어본 적은 결코 없었다.

정오에 쇄빙선이 미소바야를 출발했다. 이 배에 열차 3량이 실렸다. 두께가 2피트쯤 되는 얼음이 배가 지나가면서 뒤집히고 잠기고 했는데, 정말이지 대단한 구경거리였다. 이 '바이칼' 호라는 이름의 쇄빙선은 영국 암스트롱스 사에서 건조한 것으로, 러시아에 완전히 분해된 상태로 보내졌다. 그것을 러시아 기술진이 암스트롱스 쪽의 감독을 받아가며 조립했는데, 작업 여건이 좋지 않아 시간이 오래 걸렸다. 이 쇄빙선은 3750마력으로, 3단팽창 엔진 석 대를 갖추고 있었다. 4200톤을 수송할 수 있고, 폭 20피트에 길이 290피트, 흘수선 57피트이다.

쇄빙선의 외관은 뉴욕의 페리보트를 크게 확대한 형태와 비슷하다. 산책 갑판이 있고, 이중 바닥에 위치한 탱크에 500톤의 물을 가둬 균형을 잡는다. 얼음과 닿는 부분에는 1인치 강판에 2인치 판자를 덧댔다. 얼음을 4피트 두께까지 가르고 나아갈 수 있다. 하역 장비를 포함한 이 선박의 건조 비용은 600만 루블에 달한다.

날씨는 무척 쾌청했다. 쇄빙선 뒤쪽으로 열린 수면으로는 눈 덮인 산이 비쳐 들었다. 4월 중순까지는 썰매로 호수를 건넌다. 배가 전진하면서 얼음은 차츰 얇아졌고, 우리는 맑고 출렁이는 물 위를 떠가게 되었다. 보랏빛 안개가 끼고 눈 덮인 산이 수면에서 반짝이는 모습은 장관이었다. 공기는 차고 건조했다. 18개월 뒤면 이런 식의 횡단도 끝이 날 것이다. 호수를 끼고 돌아가는 철도가 개통될 테니까.

호수를 건너는 데는 정확하게 네 시간 걸렸다. 보통은 이보다 좀 더 걸린다고 한다. 강한 바람에 배가 마구 흔들려, 그때마다 러시아인 여객들은 큰 공포감에 질리곤 했다. 바이칼 호수는 사실 폭풍이 잦고 파도 역시 영불해협만큼 고약하다. 우리 짐은 대기 중인 열차로 신속히 운반되었다. 이 열차는 꽤 편안한 편이지만, 우리를 바이칼 호까지 수송한 동중국 철도의 특급과는 비교도 할 수 없이 수수했다. 객실도 낮고 창문도 아주 작고. 무척 낡아서 수명이 다된 듯했다. 식당칸에는 다행히 러시아 책을 비치한 책장이 있었다. 그래도 식사는 이르쿠츠크까지 오던 길에 제공됐던 것에 비하면 값도 비싸지 않고 훌륭한 편이었다. 철갑상어 한 손이 나왔다(바이칼 호수는 철갑상어로 유명하다). 뼈를 발라낸 살집이었는데, 맛이 좋고 또 병맥주까지 포함해 모두 1루블 70코페크면 되었다. 둘이 먹어도 충분할 만큼의 양이었다. 열차는 앙가라 강〔시베리아에서 북극해로 흘러드는 예니세이 강의 상류〕 동쪽 기슭을 따라 달렸다. 곳곳에 작은 섬들이 눈에 띄었는데, 어디에나 눈이 두텁게 덮여 있었다.

열차가 이르쿠츠크 역에 들어섰을 때는 7시경이었다. 이 도시의 모습은 놀라웠다. 역에 다가서자 넓은 강이 눈에 들어왔다. 지붕들 위로 군데군데 망루와 종루가 솟아 있고, 푸른 빛의 둥근 지붕에 금박 십자가가 서 있는 성당들도 눈에 띄었다. 굵은 벽돌이나 석재로 지어진 관공서와 병원, 공장들은 이곳이 시베리아 한복판의 도시치고는 상당히 큰 규모였다.

이곳에서 나는 며칠간 열차에서 벗어날 수 있었다. 즐거운 중단中斷이었다. 이 기회에 나는 시베리아의 생활상을 찬찬히 들여다볼 작정이었다. 주위 사람들에게도 함께 나서자고 적극 권유했다. 내가 묵을 메트로폴 호텔 직원이 역에 마중을 나와 있었다. 몇 분 뒤에 우리는 거대한 배다리로 강을 건넜는데, 무척 큰 강으로 물살도 제법 셌다. 20개의 나무 부교로 떠받친 흥미로운 다리였다. 다리 위는 또 얼마나 붐비던지! 얼굴이 넓적한 타타르 족은 털이 긴 말에 탄 채 짐승 떼를 몰고 있었다. 크기와 형태가 다양한 수레와 사륜마차들이 눈에 띄었다. 길거리에서는 잘생기고 혈색 좋은 농민들과 마주쳤는데, 아낙네와 처녀들은 숄 같은 것을 머리에 둘렀고 남자들은 대부분 모피 모자를 썼다.

시내는 약간의 경사지에 자리 잡았다. 앙가라 강과 우샤코프카 강이 그 주위로 흐른다. 메트로폴 호텔은 무척 편안했다. 식당도 썩 괜찮은 편이어서 러시아 장교와 관리들이 자주 드나들었다. 생선과 고기 등이 러시아인 입맛에 맞춰 푸짐하게 나왔는데, 네 가지 코스의 저녁 정찬이 1루블이었다. 하루는 흑맥주 한 병을 주문했다. 그랬더니 보이가 "영국 스타우트요?" 라고 물었다. 나중에 그 값을 보니 3루블이었다! 호텔에 벽난로가 없다는 점은 특이했다. 복도와 벽에 붙은 작은 화덕으로 난방을 했다. 이런 시설과 더불어 작은 문과 창문 덕에 호텔은 긴 겨울의 한파에도 아주 안락한 편이었다.

13장

이르쿠츠크

성당 가는 길

놀라움을 자아내는 곳, 이르쿠츠크

이르쿠츠크를 찾은 방문객은 자주 놀라게 된다. 모스크바에서 6400킬로미터쯤 떨어진 이 도시가 과연 얼마나 다르기에 그럴까! 이곳은 북부아시아에서 톰스크 다음으로 큰 도시다. 주민은 5만5000명. 그러나 아름다운 성당, 빼어난 공공건물, 넓은 길과 광장 덕에 실제보다 훨씬 더 커 보인다. 이 도시는 1652년에 이반 파호보르의 아들이 이곳이 해자垓字를 둘러 방비를 강화하고 정착해서 부랴트 족이 내놓은 모피 공물을 받아들이면서 시작되었다. 시베리아 전역은 1803년에 이르쿠츠크를 거점으로 삼은 총독 행정부의 지배를 받게 되었다. 그의 후임 총독들은 러시아가 동쪽으로 진출하며 세력을 확장하는 데 크게 이바지했다. 예컨대 무라비오프 아무르스키 백작은 아무르 지역을 병합했고, 힘과 기지로써 시베리아철도 부설을 서두르게 한 이그나티에프 백작은 정복과정을 직접 지휘하고 지원했다.

이르쿠츠크는 시베리아의 다른 도시들과 마찬가지로 오늘날 넘쳐나는 인구를 받아들일 준비가 잘되어 있다. 이 도시에는 카잔의 성모 대성당과 예수 공현 대성당, 29곳의 정교회 성당, 14곳의 교구성당, 명문대가의 사설 예배당 13곳이 있다. 그리고 45곳의 학교, 15곳의 자선기관, 수많은 학술 단체와 사교 집단, 각종 협회 등이 있다.

빼어난 석재 건물인 극장은 30만 루블을 들여 세웠다. 주민의 기금만으로 충당했다고 한다. 대단히 아름다운 자태를 갖춘 박물관은 소장품을 완벽하게 갖추어 여러 원시 부족들의 생활상을 정확히 이해할 수 있게 해준다. 어느 일요일 오후에 나는 우연히 그곳에 들른 적이 있다. 한쪽의 강의실에서는 어린아이들이 그 지역의 꽃들을 통해 기초적인 식물학 수업을 받고 있었다.

간선도로는 시내를 관통하는데, 다양한 상품을 최상의 조합으로 진열해놓은 화려한 상점들이 즐비했다. 사진기, 미국산 기계류, 심지어 가공식품에 이르기까지. 그렇지만 영국 물건은 늘 그렇듯이 여기서도 안 보였다. 미국 상품이 여기저기 눈에 띄는 것과는 크게 대조된다. 만주에서도 그랬는데, 시베리아라고 다를 바가 없었다. 나는 이곳에서 활발하게 사업을 벌이는 미국 회사 대리점 직원들을 여럿 만났다. 그들은 이 지역에서 가장 우수한 인력들이었다. 시장은 이들 손에 완전히 장악되어 있었다. 다른 회사들이 이들을 제치기란 더욱 어려울 듯하다. 러시아 사람들은 사진을 무척 좋아한다. 만주에서 모스크바까지 러시아의 모든 도시에서 사진기를 판매하고 있다. 주요 식당에서는 대형 사진기가 악단을 대신한다.

이르쿠츠크는 금광업의 중심지로서 제국 내의 정부광업연구소 가운

그리스도 공현 대성당

데 하나가 이곳에 있다. 다른 두 곳은 우랄지역의 예카테린부르크와 톰스크에 있다. 1870년에 출범한 이곳 광업연구소는 7000만 파운드에 달하는 금을 들여온다. 이 모든 금은 시베리아에서 채굴한 것으로, 정부에서 판매한다. 최소한 법적으로는 그렇다. 그러나 상당한 규모의 밀매가 이루어져, 남아프리카에서 다이아몬드 밀매로 유명한 I. D. B. 사보다 더욱 번창하고 있다.

이르쿠츠크에서는 중국인들과 자주 마주친다. 그들은 모피 거래를 틀어쥐고 있으며, 중국으로 수출하는 금가루로 재미를 보고 있다. 시베리아에서 금은 대부분 사금이다. 금가루를 광업연구소로 가져다가 검사하고 무게를 달고 녹인다. 지금은 러시아에서 세계 금 산출량의 10퍼센트를 생산하지만, 그중 시베리아에서 나오는 것은 대부분 하상河床에서 채취한 것임을 알아야 한다. 산속에 묻힌 것들은 거의 개발되지도 않았다. 몇 해 전부터 일부 최상급 지역에서 산출량이 떨어졌다. 침전된 사금이 바닥난 결과였다. 그러나 러시아인들만 전적으로 개발하는 몽골의 엄청난 광산이 발견되었고, 시베리아 북쪽과 동쪽에서도 그에 못지않게 중요한 발굴이 이어졌다. 광산회사들은 양질의 노동력이 부족해 심각한 어려움을 겪고 있을 따름이다.

단순 노동자도 충분치 않은 상황에서 기계를 다룰 전문 인력이 부족함은 말할 나위도 없다. 전문가를 찾을 수가 없다. 사람, 사람, 온 나라가 사람을 찾느라 아우성이다. 이런 호소에 결국 반응이 왔다. 철도가 바로 그들을 끌어들일 수단이 되었다. 이르쿠츠크에는 제조업체가 별로 없다. 피혁공장이 기간산업이다. 여기에 모피 가공업체 여섯 곳과 수지獸脂공장 몇 군데, 그리고 보드카 양조장과 맥주공장이 있다. 그중에서 독일

맥주공장은 질 좋은 라거 맥주를 생산한다. 차茶의 거래는 주목할 만하다. 이 품목으로 세관에서 거두는 수입이 연간 1000만 루블에 달한다.

이르쿠츠크에 도착해서 이튿날, 나는 종이 울리는 대성당으로 예배를 보러 갔다. 대성당은 강가에 자리 잡았다. 지금의 황제가 방문한 것을 기념해 홍예문을 세워놓은 기슭이었다. 황제의 발길은 시베리아 도처에 새겨졌다. 그 기념문 위에 올린 쌍두독수리상은 시베리아에서 가장 잘나가는 예수승천 수도원 뒤쪽으로 해가 넘어가는 자리 위에 우뚝 솟아 있었다. 흙먼지 범벅인 강변 위의 공기는 온화했고, 반짝이며 고요히 흐르는 강은 신선하고 매력적이었다. 이런 시간에 대성당 주변의 탁 트인 지역은 시베리아라기보다 멕시코 같은 인상을 풍겼다. 나는 마지막 종소리를 들으며 성당 안으로 들어갔는데, 군데군데 모인 사람들은 한 방향을 향해 있었다.

내 앞에는 넓은 어깨에 회색 외투를 걸친 러시아 장군이 서 있었다. 여자와 아이들도 많이 참석했고, 문 옆에는 족장 같은 모습을 한 거지들이 보였다. 바깥의 더운 날씨에 비해 성당 내부는 기분 좋을 정도로 시원했다. 벽은 웅장했다. 휘황한 커튼 뒤에 숨은 그리스도상과 금박을 입힌 거대한 성상들, 보라색 옷차림의 신부들, 수많은 양초, 묘소 안으로 들어온 듯한 짙은 향내, 이 모든 것이 바깥과 놀라운 대조를 이루었다. 신부가 마치 콘트라베이스 소리처럼 묵직하고 힘찬 목소리로 노래를 불렀다. 노래를 마치고 나서 그는 탁자에 놓인 커다란 책을 덮었는데, 그 표지는 금장으로 꾸민 것이었다. 이어서 성가대의 합창이 조화롭게 울려 퍼졌고, '아멘' 소리가 벽에서 메아리쳤다. 몇 분간 침묵이 흘렀다. 참석자들은 몸을 숙이거나 성호를 그었다. 다시 부드럽고 경이로운 성가가 천천히

이르쿠츠크의 전경

울려 퍼졌다. 그러다가 애절한 호소로 하느님의 동정을 구하듯 구슬프게 끝을 맺었다. 한 아이의 애원 같았지만 실제로는 여러 명의 목소리였다.

신성한 러시아를 어떻게 기도하나

사중창은 아름답기 그지없었다. 남자로만 구성되었는데, 그중의 테너는 정말이지 감탄할 만했다. 그 깊은 소리는 궁륭에 메아리치면서 뛰어난 효과를 발했다. 반주가 없다는 생각은 전혀 들지 않았다. 그런데 실은 풍금도 없었다. 나는 그토록 아름다운 소리를 결코 들어본 적이 없다. 몇 달간 음악을 못 들었기 때문일까. 어쨌든 사람의 음성이 비할 악기가 어디 있을까?

곁에 있던 회중과 늙은 러시아 장군도 때때로 후렴을 따라 불렀다. 벽이 붙은 것 외에 의자는 없었다. 회중은 서거나 무릎을 꿇었다. 성경을 들고 있는 사람도 없었다. 성호만 긋고 자주 몸을 굽혀 절했다. 여자와 아이들은 바닥에 이마를 대면서 깊은 존경을 표했다. 예배는 경건함 그 자체였고, 잘 알려진 대로 "거룩한 러시아!"라는 말의 뜻에 걸맞게 이어졌다.

어느 면에서 이르쿠츠크의 입지 여건은 시베리아에서 최악일지 모른다. 곳곳을 누비면서 어떤 짓이든 서슴지 않고 살아가는 부랑자들이 떼 지어 몰려드는 고장이기 때문이다. 이르쿠츠크에서 벌어지는 살인 사건의 연간 집계는 경악할 만한 수치다. 도시를 해치는 부랑자들을 감시할 경찰력이 크게 부족하다. 그런 까닭에 밤에 거리를 나다니는 것은 신중

이르쿠츠크의 장례 행렬

치 못한 처사다. 밤마다 깊어가는 음산한 고독은 '딱딱이' 같은 것을 울리며 거리를 순찰하는 야경꾼 소리에만 흔들릴 뿐이다. 그 소리는 중국 야경꾼의 징 소리와 비슷하다. 내가 도착하기 며칠 전에도 노상에서 살인 사건이 벌어졌던 모양이다. 범인은 여우같이 뒤에서 희생자의 목을 끈으로 졸라 공격했다고 한다.

지금은 무법적인 약탈자들을 낳는 유형제도가 폐지되었다. 사실상 범죄자들은 너무 게을러서 일을 할 수도 없고, 결국 감시망을 벗어나게 되면 무고한 주민들에게 끔찍한 해악을 저지른다. 특히 주민 공동체에서 버림받고 쫓겨난 사람들이 이런 짓을 저지른다. 결국 주민 공동체가 유배권을 포기함에 따라, 이제 범죄자들은 모두 사할린으로 이송된다. 이렇게 해서 이르쿠츠크는 해마다 겪는 범죄의 악몽에서 벗어나게 될 것이다.

교도소를 방문하다

나는 수천 명이 수용된 감옥을 방문했다. 높고 뾰족한 나무기둥을 울타리로 둘렀다. 정방형의 구조로 하얀 회벽 건물이다. 작은 목조 가옥들이 딸려 있는데, 공방과 세탁실이다. 게다가 구내병원도 갖추고 있다. 정부는 감옥 방문을 쉽게 허용해줬다. 나는 사할린으로 떠나게 될 죄수 몇 명을 보았다. 감방은 뉴욕의 싱싱 교도소에 비해 한결 밝고 안락해 보였다.

죄수들은 모두 회색 털바지에 플라넬 셔츠, 외투 차림이었다. 미결수도 많았다. 그들은 기결수들과 큰 방을 함께 사용했고, 이민열차에서 보던 것과 같은 마루에서 잠을 잤다. 이들의 숙소와 복장은 러시아 농민들의 그것과 비슷하게 괜찮은 편이었고, 내가 확인한 바로는 식사도 잘 나오는 듯했다. 흉악범처럼 보이는 죄수들도 있었고, 몇몇의 인상은 거의 백치 같았다. 마을에서 쫓겨난 '쓸모없는 인간' 들도 있었다. 알코올 중독자들도. 이들을 격리시킨 조치는 환영할 만하지만, 러시아에서 극형의 폐지가 실제로 환영받고 있는지는 의문스럽다.

내가 찾아갔을 때 감옥에 정치범은 없었다. 천민 계층보다 위에 속하는 사람으로서는 그렇듯 비참한 사람들과 함께 섞여 지내야 하는 것이 분명 끔찍한 처벌로 여겨질 것 같았다. 아무튼 죄수들은 긴 수염에 어깨가 떡 벌어진 진짜 거인인 간수장과 잘 지내는 듯이 보였다. 내 부탁으로 그가 죄수들에게 각자의 사연을 말해보라고 했을 때 웃고 농담을 하는 사람들도 있었다. 나는 이번 방문을 통해 매우 좋은 인상을 받았다고 할 수 있다. 그러나 시베리아 교도소의 야만적인 생활상과 죄수들을 목격한 일은 잊을 수 없다. 러시아 문인들이 묘사했던 수많은 고초도 죄수들이 감내해야 할 그런 실제 생활만큼 힘겨울까! 최근의 유형법으로 이르쿠츠크의 죄수들은 늘어나지 않을 것이다. 오히려 주민이 늘어난 이 도시는 철도와 강까지 끼고 있으므로 곧 번영의 길로 나아갈 것이다.

14장

여행의 동반자

부랴트 족

만주 원주민, 야쿠트, 부랴트, 몽골 족

여로 중 스쳐 지나가는 땅들에 거주하는 사람들을 보려 할 경우, 굳이 철로변에서 멀어질 필요는 없다. 지나치는 역마다 무뚝뚝하고 막연한 호기심을 품은 그들이 몰려들기 때문이다. 중국인, 만주인, 야쿠트, 퉁구스, 부랴트, 몽골 등의 부족이다. 몽골 족은 과거에 광활한 아시아의 러시아 영토 전체와 그 너머까지 뒤덮었던 대몽골의 후손이다. 이 몽골 족의 후손은 남동쪽으로 대만을, 북서쪽으로는 라플란드(스웨덴, 노르웨이 북부), 핀란드까지 퍼져 살고 있다. 북방 몽골 또는 타타르 몽골 족을 여로에서 만나게 되었는데, 그들은 어깨가 넓고 얼굴은 넓적하며 수염이 없다. 또 광대뼈가 튀어나오고 검은 머리털은 마치 흑옥黑玉 같으며, 눈은 작고 찢어졌다. 키 역시 대개 작은 편이며, 떡 벌어진 체형의 소유자들이다. 몽골 사람들은 몽롱하고 느리다. 그 전사적戰士的 본능이 완전히 사라지지 않았더라도, 예전에 세계를 두려움에 떨게 만든 사람들로 보이지는 않는다. 그들과 생김새가 비슷한 야쿠트 족 사람들도 소개받았다.

이 부족은 레나 강 본류의 계곡과 북빙양까지 이어지는 여러 지류의 주변에 산다. 야쿠트 족은 20만가량이다. 혹독한 기후에 맞서 싸우는 부지런한 경작자들이다. 여름에는 자작나무 껍질을 엮어 지은 뿔 모양의 천막에 살고, 겨울에는 격자형 창문을 낸 통나무 오두막에서 지낸다. 또 북방의 부족들 가운데 예외적으로 인구가 늘고 있다. 러시아 문명에 강하게 동화된 이들은 아이들을 학교에 보낸다. 명목상으로는 그리스 정교도이지만, 그들의 종교는 사실상 샤머니즘이다. 이 신앙은 대륙 북부에 널리 퍼져 있는데, 다양한 제례와 마법으로써 은총을 끌어내곤 하는 수많은 부수적 신성의 중개를 통해 우주의 절대자가 실재한다고 가르친다. 저세상에 대한 관념은 지극히 어둡고, 그들에게 죽음의 두려움과 혐오감을 고취한다.

야쿠트 족과 다르게 퉁구스 족은 용감한 사냥꾼으로, 러시아인을 싫어하고 그들의 지시에 따라 일하기를 꺼린다. 농사보다는 주로 순록을 비롯한 짐승들을 사냥하며 모피를 팔아 생계를 유지한다. 이들의 인구는 잦은 전염병 탓에 급속히 줄어들고 있다. 이들을 괴롭히는 고약한 요소 가운데 하나가 바로 개화한 민족들과 접촉하는 일이다.

바이칼 호와 이르쿠츠크 부근의 역들에서는 부랴트 족이 많이 보인다. 이들은 몽골과 조상이 같다. 13세기에 이들은 칭기즈칸에 의해 시베리아 북쪽으로 밀려났고, 오늘날에는 이르쿠츠크 지역에 퍼져 거주하고 있다. 부랴트 족은 러시아의 침입에 격렬하게 저항했고, 14세기에는 32년간 그 전진을 막아냈다. 유목민이자 전사의 부족으로서 이들은 18세기 말에야 농사를 생각하게 되었다. 그러나 지금은 시베리아에서 가장

야쿠트 족

훌륭한 농장들을 운영하고 있다. 이들은 풍성한 수확을 누리고 있다. 땅이 비옥해 중국인들의 시기를 살 정도다. 러시아는 이들을 동원해서 카자크 부대를 창설했다. 최근에 러시아는 이들 부랴트 카자크 부대의 일부를 몽골에 파견했다. 이곳 주민은 자신들의 고유어를 사용한다. 또 외부인과도 친하게 지내는 편인데, 그 덕에 러시아로서도 이들을 조용히 동화시킬 수 있었다.

열차 안에서 만나는 여행자들은 군인이 아니더라도 대체로 제복 차림이다. 시베리아철도 근무자는 옷깃에 십자형 곡괭이와 삽이 교차된 모양의 배지를 달고 있다. 러시아 군인들은 특히 기분 좋은 여행의 동반자라 할 수 있다. 고급 장교들은 아주 솔직한 멋이 있다. 그들은 정치 상황과 일본과의 전쟁 가능성 등에 대해 솔직히 말한다. "천국은 높고, 황제께서는 멀리 계시다." 자주 듣는 이런 러시아 격언에서 그 의미를 이해하게 된다. 동쪽에서 벌어지는 사건의 동력은 멀리서 온다는 뜻이다. 최고위 당국자도 사건의 단초를 제공하지는 않는다. 그들은 마치 자연의 섭리에 따르기라도 하듯이 그저 위에서 하달된 명령을 수행한다. 또 자신들이 그 원인과 전혀 무관한 사건의 결과에 대해 언급하고 비판하는 것도 자유롭다고 느끼는 모양이다.

사관과 관리들 모두 외국인 여행자에게 큰 도움을 준다. 이들은 외국인을 도와주고 나라 구석구석을 보여준다. 물론 여행자들은 비밀경찰의 감시를 받는다. 그렇지만 이런 첩보활동은 극히 은밀하게 이루어진다. 어쨌거나 시베리아 한복판에서도 나는 영어를 할 줄 모르는 러시아 고관이 내게 내 책에 관해 이야기하는 소리를 직접 들었다. 『문명전쟁』이라는 책이다. 이 책에서 나는 중국에 주둔 중인 러시아 군대의 행태를 굉장히 안 좋게 표현했었다. 이 고관은 러시아 경찰이 아니라면 누구를 통해 이런 사실을 알았을까?

군인 여행자와 세계일주 유람자

휴가차 시베리아를 떠나는 러시아 사관들의 처지는 인도에서 근무 중인 우리의 딱한 동포들과는 사뭇 다르다. 우리 사관들은 P.&O. 사에서 요구하는 엄청난 여비에 할인 혜택은 전혀 없다. 우편 서비스에서 영국 정부로부터 상당한 보조금을 받고 있으면서도 말이다. 지금은 많은 영국 사관들이 중국에서 귀국할 때 더욱 짧고 경제적인 시베리아 노선을 이용한다. 내가 이 글을 쓰고 있는 지금도 중국과 영국 간 우편물이 이 노선을 통해 오가지 않고 있다니, 정말 기가 막힐 노릇이다.

이미 '세계일주 유람객' 들이 이 노선에 모습을 나타내고 있다. 때로는 영국의 전형적인 노처녀의 모습도 보인다. 극동의 바람에 시달린 듯한 얼굴과 조금 짙은 회색 모발의 순례자 차림이다. 의심스런 표정으로 음식의 냄새를 맡아보면서 노처녀는 돈을 뒤진다. 썩 내키지 않는 표정으로 목에 매달린 자루 같은 데서 돈을 꺼낸다. 이런 노처녀보다 훨씬 더 '방비가 허술한' 숙녀들이라도 확신하건대 모든 여정을 안전하게 보낼 수 있다. 여행 중에 만난 여러 국적, 여러 직업의 호기심을 자극하는 사람들 중에서 다른 동반자들이 '교수님' 이라고 했던 한 사람을 꼽지 않을 수 없다. 그의 용모는 너무나 독특해서 우리 열차가 역에 정차할 때마다 현지 주민들의 특별한 관심거리가 되거나 그들을 당황하게 했다.

러시아 신부와 그의 아이들

이 교수라는 사람은 버마[미얀마]에서 온 것 같았다. 그는 보통 키보다 조금 크고, 바짝 마른 체구에 온몸이 각이 진 모양새다. 잠시도 벗지 않는 거대한 투구를 썼기에 그의 차림새는 더욱 돋보였다. 그는 보통의 구식 안경 대신 훨씬 크고 푸른 안경을 걸쳤다. 이런 용모는 자동차 경주에서 마스크를 쓴 선수처럼 괴력에 넘치는 용맹성을 표현하는 듯했다. 또 그가 걸친 헐렁한 옷은 갈색 비단으로 지은 것이었다. 노란 바지는 장화의 3센티미터쯤 위에까지 내려온다. 그는 이따금 이런 차림새를 바꿔보기도 했는데, 그럴 때면 마치 골프 선수 같은 모습으로 변신했다. 그의 가방들에는 골프채도 들어 있고, 낚싯대와 장총도 보였다. 그는 러시아어를 할 줄 몰랐다. 하지만 단어장을 열심히 들여다보면서 주민들과 러시아어로 '말할' 기회를 결코 놓치지 않았다.

그런데 큰 안경을 걸치고 마치 권총을 쥐듯 손에 책을 쥔 채, 놀라는 원주민에게 그가 한마디 던질 때처럼 우스꽝스러운 모습도 없었다. 그는 공기와 그 순환에 대한 위생론을 펼치는 사람이었다. 그래서 항상 자신이 들어간 칸의 창문을 열어두길 바랐다. 하지만 이 교수와 같은 칸에 탄 몸집이 크고 성마른 늙은 러시아 사관은 옷을 다 갖춰 입고 자는데, 교수의 말을 들은 척도 안 했다. 창문은 닫혀 있었다. 그러다가 사관이 밖으로 나가기 무섭게 교수는 창을 열고, 의자 위로 올라가 젖은 수건을 사방에 흔들어대면서 '환기'를 시키려 했다. 그러고 싶어 얼마나 안달이 났을까! 그는 정거장마다 내려 열차가 출발할 때까지 근처에서 달리기를 했다. 심각하고 놀란 표정으로 그를 쳐다보는 원주민들 앞에서.

앞서 말했듯이 러시아인은 여행의 마르지 않는 즐거움을 주는 좋은 동반자들이다. 그들은 손목 힘이 대단하다. 저녁과 아침이면 그들은 일반

'제식 훈련' 을 한다. 쾌활하고 사람 좋은 이 청년 사관들의 불평을 막기란 어렵다. 시베리아의 자기 연대를 찾아가는 그들은 꽤 우울한 유배지로 가는 셈이다.

이 고장에는 사냥감이 넘친다. 그 때문에 사냥이 싱겁고 지겹게 느껴질 정도다. 거기에 숙녀들의 궁색한 권태 또한 보태진다. 그녀들에게 청년들과 함께 즐거운 시간을 보낼 만한 것이 무엇인지 물어본다고? 결국 청년들은 술만 마시기나 한다! 또 사실상 그들은 마실 만큼 마실 수 있다. 맥주, 포도주, 샴페인 말이다! 러시아인이라면 대개 엄청난 양의 음료를 일상적으로 마신다. 거의 의무적인 일과인 듯하다. 하지만 이런 음료는 대부분 우유를 넣지 않은 차이거나 설탕을 많이 넣고 레몬주스를 섞은 것이다. 외국인 여행자도 이내 친숙해진다.

엉뚱한 여행 동반자-물고기와 사는 교수

이번 여행의 엉뚱한 동반자 가운데 '물고기와 더불어 사는 사람' 이 있었다. 이 사람은 미국의 대학에 제공할 시베리아 물고기를 수집하는 학자다. 정거장마다 내려, 새벽 어시장에 나가 낯선 것들만 구입했다. 그런 까닭에 공연히 그에게 '먹을 수 있는' 생선만 내놓았던 상인들의 표정은 아무래도 시큰둥했다. 그는 이 소중한 수집품을 객차로 들여와 즉석에서 그럭저럭 조달한 상자 속에 포르말린을 친 다음 집어넣곤 했다.

먹을거리 이야기를 하다 보니 우리 선교사와 소시지에 얽힌 이야기가 떠오른다. 영국 성공회의 한 청년 목회자가 있었다. 온화하고 수줍어하는 성격에, 어깨는 좁고 지푸라기 같은 갈색 머리를 한 청년이었다. 어느 날 앞서 말한 '교수님' 께서 러시아 소시지가 얼마나 건강에 좋고 일급 식품인지 이 선교사에게 입증하려 했다. 어느 역에서 그는 선교사를 이주민들이 잠시 벌인 좌판 앞으로 데려갔다. 이 선량한 두 사내는 쇼핑에 나섰고, 선교사는 내가 여태까지 본 것 가운데 가장 멋진 소시지들을 가지고 돌아왔다.

모든 일은 잘되었고 나는 완전히 잊고 있다가 저녁에 침대에 누웠는데, 그때 사건이 벌어졌다. 날은 몹시 더웠고 공기는 습했다. 고약한 냄새가 코를 파고들었다. 엔진에서 나는 것이라 생각했다. 하지만 창문을 닫자 냄새가 더욱 강하게 코를 찔렀다. 침대에 누웠지만 머리가 지끈지끈 쑤셔왔다. 이번에는 그 '물고기 인간' 의 상자 때문일 것이라는 생각이 들었다. 물고기들에서 새어나온 '물' 말이다. 나는 물고기 교수님을 찾아갔다. 그는 내게 가방 속에 물고기 상자를 잘 넣어두었다면서 안심시켰다.

얼마 후 복도를 오가는 교수님과 마주쳤다. 우아한 거동에 가벼운 옷차림이었다. 나는 그에게 덩치 큰 러시아 장교가 벌써 잠들었는지 물었다. 그는 재치 있게 이렇게 대꾸했다. "그가 잠들었다면 천국에 있을 테지요! 아직도 맥주를 마시면서 화롯가에 있습니다. 나중에는 또 밤새 코를 골겠지요!"

나는 복도의 다른 쪽 끝으로 가보았다. 냄새는 다가갈수록 더욱 고약해지기만 했고, 나도 모르게 선교사 객실 앞에서 발길이 멈추었다. 문을 두드리자 나직한 목소리가 흘러나왔다. "들어오세요, 어서요." 선교사는 잠옷 차림으로 침대에 걸터앉아 있었다. 그의 금발은 어깨까지 흘러

내렸고, 한 손으로 턱을 괴고 있었다. 그 앞자리에 소시지가 놓여 있었다. 나는 찰스 1세의 시신을 응시하던 크롬웰을 떠올렸다.

러시아 소시지에 얽힌 고약한 일화

이 딱한 선교사는 문을 닫아달라고 했다. 그러더니 소시지가 풍기는 고약한 냄새를 어떻게 해야 할지 고민이라고 털어놓았다. 나는 왜 버리지 않느냐고 말할 뻔했다. 그렇지만 미묘한 감정으로 이를 억눌렀다. 어쩌면 그냥 버리기에는 너무 비싸게 샀을지도 모를 일이었다. 그는 우선 그것을 창문 바깥쪽에 매달아두었다고 했다. 하지만 열차가 정차하면 너무 많은 동네 개들이 몰려들어 군침을 삼키면서 기를 쓰고 헉헉대더라는 것이었다. 그는 심지어 침대 매트 밑에 넣어보기도 했지만 허사였다! 우리는 대책을 강구했다. 때마침 복도 끝에 있는 통이 생각났다. 나는 선교사에게 그곳에 넣어보라고 설득했다. 그렇지만 그 말대로 하고서 내게 고맙다는 말을 하기 무섭게 객차 안의 전등이 모두 꺼져버렸다. 나는 황급히 그 통으로 달려가 '여객전무'가 나타나기 전에 다행히 소시지를 꺼낼 수 있었다. 다시 새로운 제안을 해보았다. 이번에는 될 대로 되라는 기분으로 내 타자기 양철박스를 가져왔다. 아이고! 소시지는 그 안에 넣기에는 너무 컸다! 결국 둘로 자른 다음에 집어넣었다. 우리의 노력이 나름으로 성공한 셈이었다. 하지만 러시아 소시지의 독특한 악취는 내 타자기에 고스란히 남았고, 급기야 내가 제출한 원고 뭉치를 놓고 역겨워하며 연신 코를 킁킁거릴 내 책 편집자까지 상상하고 말았다!

15장

이르쿠츠크에서 톰스크까지

타이가 역에서

제국로를 가로지르는 길, 크라스노야르스크

이르쿠츠크를 떠나 얼마쯤 가자 거대한 예수승천 수도원이 보였다. 1672년에 세워져, 지금은 시베리아에서 가장 번창하는 곳이다. 성당 6곳을 두고 있는데, 그중 한 성당에 이르쿠츠크 초대 주교로서 선교를 위해 북경에 파견되었다가 1731년에 사망한 성 인노켄티우스의 성골함이 있다. 그는 시베리아에서 처음으로 기적을 행한 성자로 추앙받고 있다.

열차는 앙가라 강을 따라가다가 탈마 역에 도착하는데, 이곳에 18세기에 설립된 국립 직물공장이 있다. 당시만 해도 민간기업이 별다른 역할을 하지 못하던 때였다. 또 유리공장도 이곳에서 150년 전부터 돌아가고 있다. 거대한 보드카 양조장도 있다. 이 모든 공장이 뜻밖에도 전혀 예상치 못한 곳에 세워져 있었다. 예컨대, 탈마에서 얼마 안 떨어진 철로변에 이르쿠츠크의 상인 페레발로프가 세운 내화토 저장고가 있다. 이곳은 연간 40만 루블어치에 달하는 도자기를 제조하는 큰 회사에서 운영한다. 이런 예는 별것도 아니다. 이 나라의 천연자원이 얼마나 방대한지는 일일이 열거하기조차 어렵다.

더 멀리 지마와 쿠이톤 방향으로는 시베리아 간선도로와 철도가 나란히 달린다. 지금은 낙타 등에 실리거나 송아지들이 끄는 수레로 운송되는 방대한 양의 차茶는 조만간 이 철도가 실어 나를 것이다. 러시아가 중국에서 수입하는 차의 총량은 9000만 파운드에 달한다. 그중 6100만은 아시아의 국경지대에서 간선도로를 따라 들어온다. 가장 큰 물량은 고비사막을 관통한 다음 캬흐타를 거쳐 들어온다. 몽골의 철도가 물품 수송을 맡게 되는 날에는 이 엄청난 물동량이 그 혜택을 누리게 될 것이다. 또 철도를 이용해 차를 중국의 만리장성에서 모스크바로 직접 탁송할 수 있다. 아무리 납으로 때운 상자에 담아 관리에 만전을 기하더라도, 차는 대양을 건너는 동안 그 향을 잃을 수밖에 없다. 중국차의 그윽한 향미는 육로로 운송될 경우에 훨씬 잘 보존될 수 있다.

아친스크를 제외하고 시베리아철도가 지나는 가장 북쪽 지점인 칸스크 부근에서 열차는 145킬로미터에 이르는 석탄지대를 통과한다. 탐사는 완료되었지만 아직은 미개발지역이다. 그 개발이 필요한 때가 오면, 또 인구가 늘면 이 지역이 어떻게 바뀔지 상상해보자! 도시를 벗어나면서 각각 85미터에 달하는 세 개의 홍예로 받쳐진 철교를 통과한다. 그다음으로 이어지는 다른 도시들과 마찬가지로 이 도시는 역에서 조금 떨어져 있으나 그다지 먼 거리는 아니다. 도시 자체가 시베리아철도 덕분에 존재하는데, 그 유일한 거래 품목은 주변의 드넓은 초원에서 거두어 이르쿠츠크에서 철도로 운반되는 건초일 뿐이다. 크라스노야르스크에서는 거대한 교량으로 예니세이 강을 건넌다. 길이는 925미터. 거대한 홍예 여섯 개가 떠받치고, 양안에 작은 홍예 두 개가 추가되었다. 철로 외에 자동차도로도 나 있다. 이 웅장한 교량은 러시아 기술자들이 설계해서 완공시켰다. 철재는 오로지 러시아에서 제작되었다. 교각들은 압축공기 잠함潛函 공법으로 세워졌는데, 그 기반까지 길이는 18미터쯤 된다. 기술자들은 겨울에 이웃 마을에서 나는 화강암과 또 다른 자재들을 빙판 위로 운송할 수 있어 유리했다.

크라스노야르스크 역은 중요하다. 이곳은 철도용 부품을 제작하는 대규모 공장들에 둘러싸여 있는데, 그 공장들에 2000명이 고용되어 있다. 차량 제작과 기관차 수리도 이곳에서 한다. 동력은 전기를 사용한다. 역 근처에는 시베리아에서 처음으로 설립된 철도기술학교가 있다. 많은 이주민들이 이곳에서 하차한 다음, 미누신스크와 크라스노야르스크 지역으로 이동한다. 도시는 잘 조성되어 있고, 거리도 무척 넓다. 다만 포장이 형편없다는 점이 눈에 띈다. 도로에 먼지가 25센티미터나 쌓여 있었다.

지난 세기 중반에 이곳은 오늘날보다 훨씬 더 중요한 금광업 중심지였다. 광부들은 여기서 재산을 크게 불렸다. 거의 완공될 시점에 무너져버린 대성당을 다시 짓는 데 이들이 많은 기금을 내놓았는데, 어떤 사람은 50만 루블을 희사했다고 한다.

크라스노야르스크는 중요한 도시로 발전할 수밖에 없다. 이 도시를 관통하는 예니세이 강은 그 발원지 근처에서부터 항행이 가능하고, 또 북빙양까지 이를 수 있다. 미누신스크 주위의 분지에는 금과 구리와 철광석이 풍부하다. 석탄도 방대한 양이 매장되어 있다. 강은 10월부터 4월까지 결빙된다. 하지만 그 나머지 기간에는 물동량을 충분히 소화할 만큼 증기선이 드나들 수 있다. 또 이 도시의 좋은 입지 여건까지 고려하면 그만큼 발전 가능성이 높은 편이다.

예니세이 강 유역의 분지는 지구상에서 가장 큰 축에 든다. 강의 표면적은 138만 평방마일인데, 미주리와 미시시피 강의 분지를 합쳐도 125만 평방마일에 불과하다. 미누신스크 근처 상류 쪽은 산으로 둘러싸인 지역으로, 기온은 연중 이탈리아와 비슷하다. 이는 분명 시베리아 한복판의 오아시스다. 더구나 주변 산에서 흘러내려온 사금이 발견되면서 진정한 엘도라도〔황금의 땅〕가 되었다.

크라스노야르스크에서 열차에 오른 어느 미국인 광부는 이곳의 금이 태평양 연안의 샌프란시스코에서 캐는 금과 질적으로 별 차이가 없다고 했다. 그는 사금광에서 일했다. 하지만 그가 말한 바에 따르면 이 금이 나오는 광맥은 별로 개발되지 않았으며, 이 고장 전체에 개발의 손길이 거의 뻗치지 않았다고 했다. 또 구리 광맥도 풍부한 줄 모른다고 했다.

반세기 가까이 개발해온 철광산 옆에 학자들이 선사시대의 것이라고 말하는 오랜 노동의 자취가 보인다. 이 세계 어디에도 미누신스크, 크라스노야르스크, 예니세이스크의 광산만큼 완벽하고 자세하게 인류 역사를 추적할 수 있는 곳은 없다. 청동기와 철기구를 소재로 말이다. 예니세이 강을 거쳐 북빙양의 카라 해까지 이어지는 정기 교역 루트를 뚫으려는 시도는 여러 번 있었다. 1896년 영국인 위긴스는 유레카Eureika까지 강을 거슬러 올라갔다. 수백 킬로미터에 달하는 거리였다. 하지만 그곳에서 겨울 날씨에 얼어붙은 강을 만났을 뿐이다. 그다음 해에 시베리아의 부유한 사업가 시데로프가 배를 타고 페테르스부르크까지 여행했다. 같은 해에 또 다른 선박이 러시아를 떠나 예니세이 하구까지 왔었다.

1878년에 노르덴스키올드〔스웨덴 지질학자〕가 시베리아의 북극 연안을 탐험하는 유명한 여로에 올랐다. 그의 선단 네 척 가운데 두 척 '프레이저' '엑스프레스' 호만이 예니세이 강을 거슬러 오를 수 있었다. 1879년, 영국은 시베리아 내륙의 항구들로 차 화물선을 파견했다. 그러면서 증기선이 유럽과 직교역을 할 수 있게 되리라는 희망을 가졌다. 철도 부설 자재와 기계 설비를 보낼 회사도 영국에 설립되었다. 그렇지만 카라 해의 결빙과 내륙 수로를 항행하는 데 따르는 난점 및 위험성 때문에 이 계획은 큰 장애에 부딪혔다. 이런 개발을 통해 과연 이익을 볼 수 있을지 의심했던 것이다. 그래도 우선 러시아 쇄빙선 한 척이 통로 개척에 투입되었다. 카라 해로 들어가는 강 하구까지 갔다가 되돌아와야 했다. 이때부터 이와 같은 시도는 완전하게 포기되었다.

예니세이 강의 분지에서 이루어지는 거래는 외국인의 경우 전적으로 철도에 의존하게 되었다. 현재 노선의 전 구간을 복선화하길 염원할 때도 얼마 남지 않았다. 나일, 다뉴브, 라인 강처럼 문명의 요충 역할을 할 대하들 가운데 예니세이 강은 더욱 중요해질 수밖에 없어, 그 역사적 가치를 인정받을 날이 올 것이다. 이미 그 조짐이 사방에서 나타나고 있다.

지질학자들이 말하듯이, 이 지역의 선사시대는 굉장한 관심거리이다. 기온의 저하를 설득력 있게 입증하는 것이 있는데, 특히 북부에서 그렇다. 큰 기후변화로 인해 죽어간 수만의 매머드와 코뿔소의 잔해가 북빙양 주변에서 확인되었다. 특히 뉴시베리아 섬들에서 주로 발굴되었다. 그곳에서는 매머드의 상아를 거래하고 있었다. 1810년에 사니코프는 엄청난 양의 상아, 말, 들소, 양의 유해를 발견했다. 이는 초식 동물군이 이 지역에 서식했다는 명백한 증거였다.

스태들링은 예니세이스크와 야쿠츠크 사이의 빙하 위에서 2미터 높이의 흙으로 덮인 매머드 유해를 발견했다. 이 빙하의 두께는 측정할 수도 없었다. 그 위장에서 찾아낸 먹이는 지금도 이 지역에서 보는 것과 유사한 작은 나뭇가지들이었다. 뼈에는 석기로 파인 흠이 나 있었다. 지금도 골수를 먹으려고 파헤칠 때 남게 되는 흠이다. 그런데 그 흠을 낸 석기들이 유해 곁에서 발견되었으니, 같은 시기에 인류가 존재했음을 증명하는 셈이다.

매머드는 동아시아에서 유래한 것으로 추정된다. 물론 이 짐승은 온화한 기후 속에서 살았을 것이다. 그런데 시베리아 서부에서 완벽하게 보존된 상태로 발굴된 그 표본들은 털이 무성했다. 그렇다면 오늘날과 같은 기후에서도 생존 가능했다고 할 수 있다. 그런 기후변화는 까마득히 먼 과거에, 아마 성경에서 말하는 대홍수 시대에 예니세이 강 유역 분지로부터 우랄 산맥까지 중앙아시아에서 거대한 침하 작용이 나타난 시대와 일치한다는 이론적인 설이 된다. 그토록 풍부하게 발굴되는 짐승의 유해는 바로 그 위도상에서 짐승들이 살았음을 입증한다. 그리고 침하 시기가 끝날 무렵, 그에 따른 가혹한 한파를 견디지 못하고 멸종했을 것이다.

라이트 박사에 따르면, 빙하기에 유럽의 북서쪽 중심부와 아메리카의 북부만큼 얼어붙은 아시아 중심지에서 빙하의 분포는 상당했을 듯하다. 또 침하가 진행되었던 지역은 300만 평방마일에 걸쳐 있다. 이 침하는 상당한 부분에서 그 깊이가 3000피트에 이른다. 시베리아 서부에 펼쳐진 드넓은 초원의 비옥한 토양, 그리고 투르키스탄 동남부 경계지역의 대지 및 황토 삼각주가 그렇게 해서 형성되었다. 이와 동시에 러시아에서 가장 비옥한 밀밭을 이루는 광활한 황토층도 형성되었다.

내가 자주 말했던 이 황토, 즉 누런빛이 도는 시커먼 토양이 시베리아에 주민들을 다시 정착시켰다. 역사적으로 알려진 사실대로, 기원 후 수 세기 동안 러시아는 오늘날보다 인구가 많았다. 하지만 대부분 유목민이었다. 오늘날에는 러시아 농민 다수가 이주해 들어오는데, 역시 중국만큼 많은 인구를 받아들일 수 있는 땅에서 일하고 싶어한다. 농업의 발전이 광업의 번영에도 도움이 된다. 또 거꾸로 광업의 번영이 농산물의 유통시장을 만들어내면서 농업에 도움을 준다.

크라스노야르스크를 벗어나면서 철로는 그림 같은 산악지대로 접어들다가 출림 강을 끼고 돌아간다. 그리고 아친스크 주변의 비옥한 곡창지대를 통과한다. 아친스크는 크라스노야르스크와 아주 비슷하다. 아친스크 역도 이주민들이 모였다가 흩어져가는 지점이며, 또 의료와 식량 기지도 붙어 있다. 그 한 지선은 이주민을 강기슭까지 데려다주는데, 그곳에서 그들은 내륙으로 들어간다. 이 도시는 철도 개통 이후 급속히 커졌다. 시베리아 간선도로도 이곳을 지나간다.

더 멀리 있는 마린스크는 멋진 철교를 건너 키야 강 좌안에 자리 잡고 있다. 인근에 금광들이 있어서 그렇겠지만 유대인이 주민의 대다수를 이룬다. 철도는 이어서 소나무와 자작나무가 우거진 지역을 가로지른다. 수십 킬로미터를 가는 동안 마치 철도가 놓이기 전에는 사람 발길이라고는 닿아본 적이 없는 듯한 어두운 숲속의 단조로운 길이 이어지는데, 마치 오스트레일리아의 숲속에서 길을 잃은 듯하다. 바로 타이가 역 주변이다. 이곳에서 지선이 톰스크로 이어진다. 시베리아에서 제일 큰 톰스크 같은 도시가 왜 철도를 '보이콧' 했는지 이해하기 어렵다(1897년 현재 주민 5만2430명).

거기에는 이런 이유가 있었다고 한다. 주민들은 철도를 놓자면 뇌물을 내놓아야 한다고 예상했다는 것이다. 어쨌거나 이 노선을 부설하는데 제약을 받은 기술자들이 자신들의 이익만 앞세우는 주민들에게 가장 불편한 길로 응징한 것인지도 모른다. 시베리아철도의 뒷이야기는 그 전모가 밝혀진다면 무척 흥미진진할 것이다.

네 시간을 달린 끝에 우리는 톰스크에 닿았다. 사륜마차를 타고 얼마간 뒤뚱거리며 달려 '유럽 호텔'에 도착했다. 길은 험했다. 이 때문에 사람들이 도중에 동반자들을 끌어안고 있을 수밖에 없는 이유를 알게 되었다. 열차에서 만난 현지인들이 서로 스스럼없이 그런 모습을 보이는 것이 이 고장의 풍습이었다. 시베리아의 모든 대도시처럼, 톰스크는 여러모로 놀라웠다. 거리는 전등이 밝혀져 환한데도 진흙탕과 먼지에 파묻혀 있었다. 클럽에서는 값비싼 술들을 즐기고 있었다. 1880년에는 아시아 지방에서는 유일하게 제국대학이 톰스크에 설립되었다. 이 훌륭한 건물은 고상한 정원 속에 들어섰다. 지금의 실제 학생 수에 비하면 규모가 대단히 큰 편이다. 다른 공공건물과 마찬가지로, 이 고장이 장차 발전할 것으로 예상하고 미리 여유롭게 교정을 확보해둔 것이다.

유일한 제국대학

우선 의과대학이 있다. 지난 10년간 1000여 명의 학생이 입학했는데, 대부분이 정치유형수들의 자식이다. 졸업생들은 스스로 바라는 직업을 얻게 될 것이다. 이렇게 이 대학에서 청년 의사들이 대거 배출되고 있는

데, 이들은 시베리아의 개화에 기여하는 한편 수많은 학자나 탐험가와 사상적으로 교류한다. 〔시베리아 유배자들이 빙하기의 생물 화석이나 유골 발굴에 기여한 전통은 표트르 대제 시대이던 18세기 초부터 시작되었다.〕 북부 아시아에 대한 여러 학술적 탐사도 톰스크에서 시작된다. 그러한 연구 결과는 세계적으로 인정받아왔다. 이곳의 동식물 박물관에는 극지방에서 가져온 극히 귀한 소장품들이 있는데, 그중에서도 특히 노르덴스키올드의 베가 강 탐사에서 얻어진 것들이 유명하다. 지질학 및 광물학 박물관은 이보다는 못해도 실용성이 높다. 고고학 및 민속학 박물관은 대학 설립자의 한 사람인 플로렌스키가 세웠다. 특히 '쿠르간'〔시베리아 봉분〕에서 수습한 토볼스크의 고대문명 컬렉션은 굉장히 눈부시다. 이따금 러시아 부호들의 기증으로 소장품이 늘어나기도 한다. 시베리아의 백만장자들, 특히 광업으로 벼락부자가 된 사람들은 건축물이나 성당을 장식하는 데 필요한 자금을 대고 있다. 그런데 톰스크에서 이러한 기증은 과학계에 집중된다. 서적이나 판화, 과학 관련 소묘 등의 비장품은 스토로가노프 백작이 기증한 것이다. 이것은 현재 10만 권을 소장하고 있는 도서관의 핵심이다. 이런 사례는 계속 이어져 골리친 왕자, 시인 주코프스키, 리트케 백작의 후예들이 그 뒤를 따랐다. 개인 장서로는 베를린의 그나이스트 교수(1만 권), 내무상을 지낸 발로에프 백작(9000권) 등이 기증을 했다. 1898년에는 법과대학과 대규모 화학실험실도 문을 열었다. 이 부유한 러시아인의 또 다른 관대함의 사례는 이 대학에 장학금으로 400만 루블을 기증한 데서도 알 수 있다.

그리고 공중보건 당국이 관리하는 수많은 기관들도 꼽아야 한다. 병원, 구빈소, 아동 수용시설, 탁아소, 고아원, 야간대피소, 식사봉사회,

정교회 자선회 및 선교회 등등 이 도시에는 몇 개만 꼽아도 이렇게 많다. 여기에 톰스크 신학교의 가난한 학생들이 묵는 기숙사, 대학생을 위한 자선회 등을 추가해야 한다. 미국인이 대체로 관대했다고 말하는 문인이 있었다! 그렇다면 거의 모든 톰스크의 집들이 자선과 교육기관이라 할 만하다. 하지만 다른 상위 단체의 수는 이보다 훨씬 더 많다. 적십자회, 러시아 제국인류애협회, 상부상조회, 의사와 자연과학자회, 가톨릭 선양회, 여성 상부상조회, 러시아 제국음악회, 전통원예협회, 톰스크 조합, 철도조합, 의용소방대, 시장상인동호회, 경마회, 서시베리아 농협 등등. 심지어 '신체건강'을 위한 단체도 있다. 이 단체는 공중목욕탕을 지었고, 여름에는 허약한 어린이들을 산촌으로 보낸다. 대규모 노동자 클럽도 있다. 어느 특별한 클럽에서는 인류학적 관점에서 자신들의 습관에 대해 공부한다.

16장

특급열차

동부 특급열차 식당칸

세계 최고의 특급실

시베리아를 가로지르는 긴 여행 중에 항상 이런 질문을 받는다. "얼마나 고생이 되셨소, 안 그래요?" 여행 중에 줄곧 이어졌을 것이라 여겨지는 연착과 난관과 불쾌한 일들을 말한다. 이런 이야기는 작년까지라면 사실 아니었을까. 하지만 특급은 달라졌다. 다섯 가지 다른 길로 북아메리카를 횡단하고, 오스트레일리아를 기차로 달리고, 오랫동안 유럽을, 칼레에서 나폴리로, 모스크바에서 파리로 여행했지만, 시베리아 횡단 노선은 이 세상 그 어느 곳의 열차보다 편안하다는 점을 확인했다. 가장 불쾌한 여행 구간은 대련에서 바이칼 호까지의 동중국철도 구간이라고들 한다. 하지만 실은 정반대다. 객차는 완전히 새롭고 최고이며, 내가 아는 그 어느 것보다 안락하고 널찍하다.

우리가 탄 특급은 6량이다. 첫 번째 차량은 화물칸과 승무원들을 위한 대기실로 쓰인다. 그 뒤로 식당칸에 40명이 앉아 식사할 수 있는 식탁과

의자가 있다. 이 칸에서는 흡연도 가능하다. 여행 중에 담배를 기록적으로 많이 피운 사람은 러시아 여성이었다. 그녀는 아침부터 저녁까지 담배를 피웠다. 셋째와 넷째 칸은 이등칸이다. 다섯 번째 칸은 가족과 함께 귀향하는 일본 주재 러시아 공사 이스볼스키 전용이다.

이등칸의 각 객실은 네 명씩 들어갈 수 있다. 일등칸은 보통 2인용이다. 아주 잘 양해가 될 경우, 원하기만 하면 그 사이 미닫이문으로 두 칸을 드나들 수 있다. 이등칸은 절대로 만원인 적이 없고, 일등칸보다 훨씬 편하게 위층의 침대를 차지한다. 어쨌든 문 장식이나 옷걸이 색깔만 제외하면 일등칸과 이등칸은 별 차이가 없다. 장미목과 니스를 칠한 미송 같은 재료에서나 다를까. 객차 자체도 미국의 것보다 높고, 칸마다 빨랫줄이 걸려 있으며, 선반도 많은 물건을 쉽게 얹을 수 있다. 가방과 외투걸이와 작은 봇짐도 수월하게 올려놓을 수 있다. 여행자들은 특급의 경우 10파운드의 화물운임을 낸다. 또 두 개의 큰 트렁크라면 대련에서 모스크바까지 5파운드 정도를 지불해야 한다. 많은 가방들을 가지고서 여행하는 사람들에게 이런 요금은 그야말로 터무니없다.

객차 내부에서는 매우 실용적인 정신이 엿보인다. 쓸데없이 호사스런 장식이나 금테를 두르지 않았고, 대신에 견고하고 편리하다. 객실마다 글을 쓸 수 있는 튼튼한 접이식 탁자가 있다. 문고리는 단순하며, 자물쇠는 부드럽게 열린다. 객차 사이의 겹쳐진 부분은 보기 드문 것이다. 객차 내부의 환기 상태도 훌륭하다. 난방기의 효율성을 따져보지는 않았지만, 칸마다 비치된 장치로 누구나 직접 온도를 조절할 수 있다. 침대는 편하고, 침구를 이틀마다 갈아준다. 위쪽 침대는 낮에는 접어서 벽에 붙여둔다. 아주 널찍한 세면화장실이 각 객차의 끝에 붙어 있다. 머리 위에서 쏟아지는 샤워기도 권할 만하다. 사람 좋고 친절한 러시아 장교들과 저녁 시간을 보낸 뒤의 샤워는 정말 기막히게 개운하다. 영국 기차의 실내와 다르게 조명이 밝아 한낮처럼 책을 읽을 수 있다. 창은 이중이고, 여름에는 공기가 얼음을 거쳐 들어오니 창문을 열 필요가 없다. 하지만 긴 여행에서 먼지는 정말로 괴롭다. 만주와 시베리아에서는 그다지 불편하지 않았지만, 독일에서의 이틀간은 끔찍했다.

객실을 맡은 승무원들은 미국 기차의 경우와 판이하다. 여객전무는 마치 집사처럼 손님을 개별적으로 맡고 친절하게 통역한다. 그야말로 백과사전이다. 항상 조심스레 대기하고, 안락한 여행을 위해 모든 것을 알려주려 한다. 객차마다 두 명의 '보이'가 침구를 준비하고, 방을 아무 흠잡을 데 없이 깨끗하게 관리한다. 또 여객이 초인종을 눌러 부르는 소리를 놓치지 않으려고 밤낮으로 대기한다. 이들에게는 칭찬할 일밖에 없다. 그 둘은 정말이지 선의에 넘치는 착한 사람들이었다. 러시아 말만 할 줄 알았지만 어떤 언어든 알아들으려 애썼고, 심지어 손짓발짓도 마다하지 않았다.

선로 역시 꾸준히 개선되고 더욱 많은 자갈을 깔았다. 기대 이상이다. 열차가 달리는 동안 안전은 완벽할 것이다. 열차 안에서 돌아다닐 때도 아무런 걱정이 없다. 다만 창문을 좀 더 크게 냈다면 더욱 유용하지 않았을까 불평할 수 있을지 모르겠다. 식당칸의 큰 유리창은 철도 여행에서 최상의 효과를 낸다.

식당은 장기여행에서 중요한 요소이다. 사람들은 맨 처음 식사할 때면 아무래도 신경이 쓰일 수밖에 없지만, 조금도 걱정할 필요가 없다. 음식은 탁월하고 맛있었다. 경험이 별로 없는 여행객들이 우선 서비스가 너무 느리다고 불평했다. 점심은 일품요리. 모든 외국인은 레몬과 설탕을 곁들인, 유리잔에 나오는 러시아 차를 음미한다. 1시에서 5시 사이면 언제든 기본 식사를 할 수 있다. 보르스치(보르슈)라고 하는 수프는 야채와 큰 고깃덩어리가 들어간 것인데 거의 한 끼 식사분이다. 그러고 나서 비프스테이크, 단 음식, 차 또는 커피, 아이스크림이 나온다. 값은 1루블, 만주 국경 도시를 지나고부터는 1루블 25코페크로 올라가면서 차나 커피가 추가된다. 면세지역에서 25퍼센트를 더 내는 셈이다. 어느 역에서는 소다수 한 잔에 25코페크이지만 다른 역에서는 30코페크이다.

식탁에서 시중을 드는 보이들은 부족함도 없지 않았다. 전혀 똑똑하지도 기민하지도 않고 러시아어만 할 줄 아니 사정이 나아질 수 없었다. 기본 식단도 러시아어로 적혀 있다. 식욕이 왕성한 한 영국인은 보이에게 메뉴를 보이면서 자기가 원하는 음식을 가져다달라고 호소하곤 했다! 일품요리 메뉴는 러시아어와 불어로 적혀 있다. 여객전무는 그토록 화통한데도 항상 이해할 수 있는 것은 아니다. 어느 날 나는 내 생각을 설명하려고 삶은 계란을 그려 보여주어야 했다. 러시아 요리는 물론 훌륭한 편이다.

그들은 또 얼마나 대식가인지! 그들이 덩치가 큰 것은 마음껏 먹어서 그렇고, 아니면 덩치가 크니까 그만큼 많이 먹어야 할 테고! 아무튼 나는 그들이 식전에 한 잔씩 하는 보드카에 철갑상어알 '사쿠스카'를 즐기는 멋진 습관을 권하고 싶다.

대련에서 모스크바까지 가려는 사람들에게 나는 침대칸을 강력히 권하고 싶다. 이르쿠츠크에서 연결되지 않아 하루 이틀 기다려야 하더라도 그 편이 좋다. 이런저런 사람들이 막연히 내놓는 반대의견에 주저하지 말아야 한다. 가령 러시아 열차가 훌륭하다면, 침대칸도 선호할 만하기 때문이다. 창은 넓고 시원해서 더욱 쾌적하다. 다만 짐 가방이 거추장스럽게 드러나 열차가 만원이면 일부 짐을 화물칸에 실을 수밖에 없어 비싼 것이 흠이다. 일등칸의 2인실은 동중국철도에 비해 훨씬 넓다. 창가에 작은 탁자와 안락의자도 있다. 어느 쪽이든 마음대로 골라잡을 수 있어 아주 편하다. 우리 열차는 특급과 연결되지 않아 여객은 많지 않았다. 이 열차는 일등칸 2량, 그 외에 식당칸 하나와 화물칸 하나였다. 식당칸의 일부는 24명을 수용할 수 있는 식탁들이 배치되어 있다. 나머지 절반은 흡연실이다. 몇몇 화보와 다양한 놀이기구가 있다. 객차도 안정적이며 편안하게 글을 쓸 수 있다. 승무원들은 무척 사려 깊고 친절하며, 다들 불어와 독어를 러시아처럼 구사한다. 그래서 여러 가지 일이 편리하다. 정오에 승객의 탁자에 점심이 나오는데 1루블이다. 저녁은 여섯 시에 나오며 1루블 25코페크. 저녁 식단은 수프, 생선요리 한 접시, 고기 한 접시, 그리고 몇 가지 후식이다.

이르쿠츠크를 떠난 지 사흘 만인 5월 27일에는 갑자기 비가 내리면서 추워졌다. 하지만 증기로 덥히는 객차의 난방은 그럭저럭 견딜 만했다. 나도 그렇지만 다들 이번 여로가 훨씬 좋다고 했다. 날씨는 배 위에서보다 빠르게 평온을 되찾았다.

객실에서는 여러 가지 취미를 두루 즐길 수 있을 것이다. 사람들은 하루에 거의 두 번씩 식당칸에 모였는데, 정중하고 예의바른 러시아 사람들은 러시아어와 분투하는 외국인을 항상 도울 준비가 되어 있었다. 다만 그들이 여러 나라 말에 능통하다는 소문은 조금 과장되었다. 수다를 떨고 싶다면 흡연실로 가면 된다. 으레 반갑게 맞아주는 사람이 있을 것이다. 배에서처럼 오후에는 브리지 게임을 즐기는 사람이 당신 앞에 홀연히 나타난다. 아주 길고 빈번한 정차 중에도 심심풀이를 찾다보면 어느새 역에서 멀어진다.

달리는 특급의 정차

사실 그렇게 중간정차로 머뭇거리지 않고 속도를 높여 운행 시간을 단축한다면 얼마나 좋을까! 중요하지 않은 역은 그냥 지나치고 말이다. 가만 보면 이따금 물을 받으려고 화차가 분리되어 100미터 떨어진 저수조까지 이동한다. 여기서도 많은 시간을 잃는다. 서두르는 법은 절대로 없다. 모든 것이 사정에 따라 좌우된다. 보통 걸음걸이보다 더 빠르게 걷거나 열차를 붙잡으려고 뛰는 러시아 사람은 단 한 명도 보지 못했다. 출발 시각이 되면 역사 위에 걸린 종이 두 번 울린다. 그 1분 뒤에 다시 세 번 울리면 역무원이 호루라기를 불고, 화차에서 거기에 응답하면 열차는 출발한다. 만약 뒤쪽에 자리 잡고 있는 사람이라면 소식을 충분히 전달받지 못했다고 불평하기도 어렵다. 내 경우가 종종 그랬다. 만주의 어느 역에서 여객전무는 시간표대로 38분 동안 정차해 기다릴 것이라고 내게 말했다. 그래서 나는 그림 같은 그 소도시를 촬영하려 했지만, 병사가 따라와 황급히 제지했다. 어쩔 수 없이 그냥 역으로 돌아왔다. 겨우 20분이나 흘렀을까 싶었는데 열차는 벌써 움직이고 있었다. 나는 열차에서 200미터쯤 떨어져 있었고. 그래서 안간힘을 다해 뛰다가 그만 길바닥에 쓰러져버렸다. 열차 기관사로서야 살인을 저지를 수는 없었으니 금세 정차했다. 러시아인은 정말이지 얼마나 인간적이고 착한가!

여행하는 사람들은 책을 여러 권 준비하는 것이 좋다. 열차와 역 구내에 러시아 책과 잡지뿐이기 때문이다. 유럽에 근접하면 프랑스와 영국 신문을 구할 수 있다. 12펜스로 『데일리 메일』, 『엑스프레스』 등을 살 수도 있고, 『타임스』도 살 수 있다. 『타임스』는 일부분이 조심스레 검열을 거쳤다. 당연히 이런 대목이 더 궁금할 수밖에 없지만, 그렇듯 검게 지워진 자국은 너무나 교묘해서 뜨거운 물로 조심스레 씻어내야 겨우 보였다. 그림엽서를 수집하는 사람들은 기나긴 여로에서 그 취미를 만끽할 수 있다. 작은 특별 열차가 매일 우편배달을 한다. 이 열차는 1, 2, 3등칸으로 구성된다. 4등칸과 화물칸이 딸린 또 다른 열차도 있다. 이 열차의 승객들은 대부분 이주민이나 식민지 거류민으로서 나라의 지원을 받는다. 4등칸에는 잠을 잘 수 있는 긴 의자와 난로가 있다. 밖에 써붙여 놓은 대로는 40인과 말 8마리를 수용한다. 가장 등급이 낮은 차량도 모두 청결하다.

아무튼 특급열차의 의자들에는 알록달록한 무늬의 천을 씌워놓았다. 그리고 금년에 철도망을 완비해, 12만 명의 병력을 가능한 한 빨리 동부로 파견할 수 있도록 한다는 결정이 나왔다. 극동에서 전쟁이 터질 경우에 대비한 것이다. 이 철도는 올해 완공될 것이고, 자갈이 잘 다져진 만큼 이전과 같은 붕괴 위험도 없을 것이다. 황제는 철도위원회를 주재한 자리에서 이런 말을 했다.

"짐은 이 대역사大役事의 현장을 감동적으로 지켜보고 있습니다."

그 보상이 오고 있다

사실 시베리아철도 부설을 처음 구상한 인물은 영국인이었다. 그러나 실제 공사는 미국인에게 발주했다. 미국인은 러시아 정부로부터 자신들의 계획을 승인받는 데 많은 시간을 낭비했다. 러시아 정부는 이 거대한 사업의 모든 수익을 러시아인에게만 돌리려고 했다. 물론 이것은 자연스러운 일이다. 1875년에 정부 위원회에서는 경쟁입찰에 응한 세 가지 시안을 검토했다. 여기에서 하나가 12월 19일에 황제의 승인을 받았다. 하지만 즉각적인 자금 조달의 어려움과 동양에서의 전쟁 등 여러 가지 이유로 사업 착수가 지연되었다. 전체 노선은 7개 구간으로 나뉘었고 공사는 거의 동시에 착수되었다. 1891년 5월 19일, 지금의 황제는 블라디보스토크에서 첫 삽을 떴다. 오늘날 여행자가 앞에서 말했듯이 역에 설치된 개선문들을 하나씩 거슬러 올라갈 수 있게 된 극동에서의 이 여행이 이렇게 시작되었다.

그 길이에도 불구하고, 전체 노선에서 기술자들은 심각한 난관에 부딪히지 않았다. 우랄 산맥과 킬간 산맥 일대가 가파른 구간이었지만 그렇게 급경사는 아니었고, 나머지 구간도 넓은 평지다. 바이칼 호 남쪽 연안에서 현재 진행 중인 최고의 난구간은 원래 계획에는 없던 곳이다. 배로 건너는 것으로 했기 때문이다. 수많은 하천에 놓일 교량은 총 48킬로미터. 그중 긴 것으로 예니세이 강(925미터), 오비 강(840미터), 이르티시 강(700미터)의 교량이 있다. 페테르스부르크에서 블라디보스토크까지는 9334킬로미터, 여순까지는 9655킬로미터이다. 북경까지는 현재의 노선대로라면 1만147킬로미터이다. 몽골 노선을 개통하면 북경에서 페테르스부르크까지 1450킬로미터가 단축되고, 중국의 수도에서 8697킬로미터를 달려 러시아의 수도까지 갈 수 있게 된다. 1900년 말에 6574만5000파운드가 시베리아선 건설비로 들어갔다. 예상 총액에서 아직 168만5500파운드가 남아 있다. 1899년에는 철도 수입으로 국가부채 이자의 절반을 상환했다. 시베리아를 뚫고 그 개발에 기여할 부수적 이익 외에도 철도는 단 몇 년 만에 그 자체만으로도 엄청난 흑자를 올리고 있다. 여객 및 화물 운송량은 1900년까지 공식적으로 알려지지 않았다. 하지만 그 한 해만으로도 장래의 교통량이 어느 정도일지 짐작할 수 있다. 예컨대, 1900년의 총 승객은 271만6091명으로, 1899년의 183만4582명보다 88만1509명이 증가했다. 노동자, 죄수 그리고 간수의 숫자가 줄었다. 이 죄수와 간수 집단은 1만 명이 줄었다. 1900년의 총 이주민은 31만8901명이었고, 전년도보다 10만 명이 증가했다. 그러나 이 해의 이주민은 철도의 고위직 관리에 따르면 그보다 훨씬 많은 50만 명이라고 한다.

17장

유형제도의 개혁

유형수들

유배자들

오늘날 시베리아 유배제도처럼 외국에서 오해받고 있는 문제도 없을 것이다. 우선 섬뜩한 공포의 이미지부터 떠올린다. 그렇지만 여행자가 직접 가보면서 확실한 정보를 접하고 교도소를 방문하면 톨스토이의 『부활』 같은 소설에서 받은 것과는 전혀 다른 인상을 받게 된다.

지난 세기 말까지도 시베리아 유형생활을 하는 사람의 수를 엄격히 파악한 적이 없었다. 아무튼 이런 제도는 예르마크〔1585년 사망, 카자크 족장〕가 이 지역을 정복한 시대부터 시작되었다. 1593년에 토볼스크 당국은 드미트리 황태자의 시해자들과 그 살해 신호를 알린 우글리치의 종鐘을 이곳으로 함께 유배했다. 19세기 첫 몇 년간 많은 폴란드인이 시베리아로 유배되었다. 1831년과 1863년의 혁명 이후도 마찬가지였다. 알렉산드르 2세는 5만 명을 유배했다. 황제 시해로 귀결된 허무주의 운동으로 강제수용이 크게 늘어났다. 유형수들에 대한 정확한 죄목을 밝히지도 않았다. 그러나 허무주의는 의심을 받았다. 1807년부터 1899년까지 86만4549명이 시베리아로 추방되었다(남편을 따라 자진해서 따라나선 아내와 가족들의 수는 23만6000명이다).

1898년, 시베리아에는 29만8574명의 유형수가 있었다. 그 절반은 기결수였고 나머지는 러시아 공산주의 운동으로 체포된 사람들이다. 독재 정부 하에서 지역주민공동체인 '미르'나 코뮌 같은 민주주의적 제도를 어떻게 시험하는지 보면 흥미롭다. 미르는 법이 정하는 한도 내에서 자신들의 공동체에 사법부에서 일정한 형을 받은 남녀를 수용하거나 거부할 권리가 있다. 그들은 자기 멤버를 가입시키거나 추방할 권리도 있다. 그 추방자의 대부분은 만성적인 알코올 중독자로, 보드카를 즐긴 나머지 교정 불능의 나태한 인간으로 전락하거나 거지 또는 공동체에서 맡은 자기 몫의 일을 하지 않는 쓸모없는 사람들이다. 그 결정은 만장일치로 한다. 일반적으로 러시아 농민의 천성이 착하다고 볼 때, 이 마을의 자치법정에서 유배당한 사람들이 많은 데 놀랄 수밖에 없다. 이런 떠돌이들이 자신들이 들어가게 될 지역으로부터 무서운 상처를 받게 된다는 것은 이해할 만하다. 러시아 행형의 책임자 솔로만은 시베리아 이송자 가운데 "3분의 1, 약 10만 명이 통제 불능"이라고 하면서, "경찰도 그들의 주거를 파악할 수 없다. 그들은 큰길이나 마을을 떠돌아다닌다. 갖은 방법으로 돈을 구걸하거나 강탈하고, 여름에는 한데서 자고 시베리아 숲속에 숨어든다. 겨울에는 마을로 들어와, 지역 교도소를 거처로 삼을 만한 모든 방법을 동원한다"고 했다.

영국의 식민지 정착민처럼, 시베리아의 성실하고 부지런한 이주민은 범법자와 부랑자를 그곳으로 추방하는 것에 항의하면서 이들의 희생자가 되지 않으려 한다. 영국과 마찬가지로, 식민지 정착민의 견해에 부응하는 법이 러시아에서 제정되었다. 한편, 정치적 유배자들은 시베리아의 식민화와 개선에 크게 이바지했다. 일반적으로 유배자들은 유배지에서 나름의 생활방식을 자유롭게 택하고 가족과 아내와 함께 지낼 수 있었다. 일반 여론은 정치범의 수와 그들의 가혹한 조건을 과장한다고 생각한다. 허무주의 소요자와 폴란드 혁명가들의 시대를 제외하면, 정치범의 연간 수치는 60~70명을 넘지 않는다. 우리가 시베리아에 관해 알고 있는 많은 학술정보는 가장 유식한 정치적 유배자들의 탐구와 작업의 결과이다. 바로 이들이 야쿠트, 부랴트, 추크치 같은 토착민의 역사와 관습을 연구했고, 또 이런 작업을 러시아 학자들은 높이 평가했다. 이 지역의 지질 연구에도 중요한 기여를 했고, 기상학적 관찰 역시 그들에게 빚지고 있다.

1863년에 시베리아로 유배된 정치범 추카노브스키의 경우, 제국지리학회가 그에게 야쿠츠크 지방에 대한 연구 활동 임무를 맡겼다. 이 학회가 제공한 기금으로 그는 예니세이 강과 레나 강 유역의 미개지 탐사를 주도했다. 1876년 귀향한 그는 사면을 받고, 페테르스부르크로 자신의 방대한 자료를 갖고 돌아와 학회의 박물관을 위해 정리하고 분류했다. 상당수 정치범은 시베리아 정부에서 중요한 직책을 맡기도 했다. 시베리아의 훌륭한 가옥들 중에는 부유한 유배자들을 위해 지었던 것도 있다.

현재 서시베리아 총독이 살고 있는 화려한 이르쿠츠크 공관은 정부가 유배자로부터 매입한 것이다.

범법자에 의한 식민화의 실패

이런 것을 충분히 감안하더라도, 죄수와 정치범에 의한 식민지 개발은 성공하지 못했다. 유배자 상당수가 산업에 아무런 취미나 능력이 없었다. 게다가 독신자가 너무 많았고, 토지 경작과 정착을 시도할 여지가 있었다 해도 아주 엉뚱한 지역으로 보내지곤 했다. 그들은 오랜 유형생활과 감옥의 우울한 영향으로 일할 준비도 안 된 비참한 상태에 있었다. 사망률도 상당히 높았으며, 불운한 수천의 인명이 겨울마다 눈 위에 아무런 자취도 남기지 않은 채 사라지곤 했다. 이런 한심한 제도를 근본적으로 개선하려는 노력이 이루어지고 있다는 사실을 생각하면 기분이 한결 나아진다. 1900년 6월 25일, 황제는 개혁안을 칙령으로 공표했다. 교정矯正의 최고책임자는 다음과 같은 원칙을 발표했다.

"엄정한 형법에 따라 범법자와 비행자들은 여러 형태로 수용될 수 있는데, 장차 8개월에서 2년간의 감옥 생활이나 또는 1년 6개월에서 6년간의 교정시설 생활을 하게 된다.

형법 조항들은 정치범에게 유형을 부과하고, 또 정교회 기관에 반한 범법 조항은 계속 유지되지만, 시베리아가 유일한 유배지는 아니다.

신원을 밝히기를 거부하는 부랑자들은 대부분 탈주범으로서, 교도소에 4년간 구금된 다음, 사할린 섬으로 이송된다.

이미 형기를 마친 사람들이 다시 공동체로 귀환하는 것을 거부하는 농촌과 부르주아지 공동체의 권리는 삭제된다.

단 농촌 공동체들은 공안에 위해가 될 것으로 간주되는 그 일원에 대해 〔행정적으로〕 맡겨진 권한을 유지한다. 그들의 거주지는 행정 당국에 의해 정해지지만, 지역 경찰의 동의를 얻으면 그곳을 떠날 수도 있다. 단 자신들이 추방된 지방으로 다시 돌아가지 않는다는 조건이 붙는다. 4년간 바르게 처신하면, 이들은 내무대신에게 이런 제한의 방면을 청할 수 있다.

유배 생활은 정치, 종교적 범법자로 제한된다. 그 수는 연간 100명을 넘지 않고 있고, 또 신원 미상인 부랑자들도 여기에 해당되는데, 이들도 연간 430명을 넘지 않는다.

제국의회는 황제에게 유형을 제한하는 이 법안에 동의하며, 그 의견은 다음과 같다. '중세 시대는 러시아에 세 가지 유산을 물려주었다. 고문과 태형笞刑, 유형이다. 고문은 18세기에, 태형은 19세기에 폐지되었고, 이제 20세기 벽두에 유형에 근거한 형벌제도가 마지막으로 폐지될 것이다.'"

그 전의 사례에 따라, 이런 조치에 내포된 잠재력의 중요성을 금세 이해하게 되었다. 사실상 농촌 공동체 미르가 쥐고 있던 유배권은 폐지되었다. 이 단 한 가지 조치만으로도 유배자는 절반으로 줄었다.

러시아에서는 정치범을 제외하고는 1753년부터 사형이 폐지되었다는 사실을 기억해야 한다. 게다가 악랄한 흉악범, 즉 교양 있는 국민 대부분이 살려둘 가치가 없다고 판단하는 사람들도 최근까지 20년 중노동형만 받았다. 이들에게 무기징역형을 허용하는 법이 있지만, 결코 적용된 적은 없다. 이런 면에서 보면, 러시아 형벌제도가 대단히 가혹하다고 말하기는 어렵지 않을까! 오히려 그 반대라고 생각한다. 이 문제에 대해 라이트 박사는 이렇게 썼다.

"1870년, 카라 구역의 죄수 2114명 가운데 793명은 살인범, 409명은 다양한 폭력절도범, 38명은 방화범, 46명은 위폐범, 22명은 강간범이었다. 그리고 신원 미상의 부랑자 677명, 공안사범과 비행자 86명, 기타 범죄자 73명이었다. 아무르 계곡으로 보내진 378명 가운데 남성 155명은 살인범, 대로상 절도범 39명, 단순절도범 17명, 폭력절도범 9명, 방화범 4명, 위폐범 3명, 강간범 3명, 풍기문란사범 3명이었다. 여성 가운데 28명은 남편 살해범, 6명은 사생아를 죽인 죄를 지었고, 살인범 17명, 방화범 7명, 대로상 절도범 1명이었다."

감상주의자들은 이들이 시베리아의 지하 독방에서 비참한 조건 하에 연명하고 있다고 했다! 그런데 현재의 상태에 우호적인 책들이 더 잘 주목하는 사실이 있다. 특히 절도로 연명하며 어떤 죄도 주저하지 않는 부랑자들은 정부에서 마련한 감옥으로 들어가려고 겨울에만 비행을 저지른다. 정치범 그리고 정교회의 제도와 법에 반한 죄로 처벌받게 된 사람만이 여전히 유형의 대상이다. 그러나 이런 처벌이 반드시 적용되는 것도 아니다. 앞서 말했듯이, 상류층에 속하는 많은 죄수들이 정권에 그다지 해롭지도 않고 또 그다지 힘겨운 생활을 하지도 않을 뿐만 아니라, 시베리아에서 완전히 허송세월을 보내지도 않는다.

그토록 빠르게 발전하는 이 고장은 쾌적한 거주지가 되고 있다. 시베리아철도가 완공됨으로써, 가장 무서운 고생, 역겨운 무리에 뒤섞여 여러 고비를 넘겨야 하는 여행은 이제 끝났다.

죄수 수송열차

여행 내내 나는 죄수들을 이송하는 열차를 보았다. 객차는 이주민의 것보다 나았다. 그 열차는 사할린으로 향했다. 창살 너머로, 수심에 차고 심각하거나 험악하기도 하고 때로는 아기들과 노는 사람들이 보였다. 그 중 한 창틈에서 나는 정치범으로 보이는 검고 큰 눈의 잘생긴 청년 둘을 보았다. 대학생인 듯했다. 또 다른 창틈으로는 수염을 엉망으로 기른 지저분한 노인도 보았다.

또 한번은 화가의 모델을 서도 좋을 만큼 잘생긴 미남 청년도 보았다. 그 코는 미묘하고, 시선은 슬프고 꿰뚫어보듯 맑고, 차분한 이마는 시원하게 밝았다. 그는 행인들의 눈길을 의식해서인지, 손으로 얼굴을 가리고 있었다. 파란 핏줄이 선명한 고운 흰 손에 깊은 생각에 잠긴 잘생긴 얼굴을 받치고 있는 그 청년을 나는 언제나 기억하게 될 것이다. 그의 사연을 알고 싶었다.

이 고장이 오랫동안 범죄자를 처분하는 장소로 사용되었던 과거를 청산하려면 여러 해가 걸리겠지만, 현재의 개혁은 감탄할 만한 조치로 보아야 한다. 노예제를 폐지했던 것만큼 중요하다. 또 역사는 제국의 길을 뚫은 이 고장의 가혹한 운명을 치유해준 사람을 기억할 것이다.

18장

오비 강 분지를 건너며

이주민들

크라스노야르스크와 그 미래의 가능성

나는 한 대학교수와 함께 톰스크를 떠났다. 매력적이고 교양 있는 신사였다. 그는 유럽으로 휴가를 떠나는 길이었다. 여행을 많이 할수록 우리가 사는 세상이 아주 좁다고 느끼면서, 나는 우리 두 사람이 옥스퍼드 대학과 친분이 있다는 사실을 알게 되었다. 그는 여러 해 전부터 이 대학과 학술 교류를 해왔다.

오비 강에 이르는 광대한 숲 지대를 지났다. 너무 짙고 무성해서 거의 위압적이었다. 강변의 가파른 기슭에 서 있는 오비 역은 몇 해 전만 해도 작은 정거장이었다. 이주민들이 알타이 산맥의 광산이나 정착지를 찾아 들어갈 때, 강의 상류나 하류로 가는 배를 기다리던 곳이다. 많은 이주민이 모두 배에 오르기 어려워, 일부는 2~3주씩 기다리기도 했다.

오비는 크라스노야르스크, 이르쿠츠크, 옴스크의 중요성에 이바지하는 모든 조건을 완비하다시피 했다. 철도, 그리고 북부와 서부로 항행할 수 있는 강, 풍부한 미개발지에 둘러싸인 입지 여건. 제국의 길을 관통하는 이 길에는 대도시가 자리 잡고 있을 법하다.

오비를 출발한 열차는 시베리아를 다시 비옥하게 덮게 될 검은 점토의 고장을 하루 종일 주파한다. 사람들이 더욱 많이 살고, 집들은 더욱 크며, 더욱 안락해 보인다. 역들에 러시아 사람들만 모여 있는 듯하다. 원주민은 거의 보이지 않는다. 오비 강의 본류와 지류들이 적시는 90만 평방마일의 방대한 지역은 고원지대로, 몽골의 알타이 산맥에서 발원하여 완만하게 북빙양으로 흘러든다. 오비 강은 다시 서쪽으로 200마일을 더 흘러 러시아 국경을 넘어서게 된다. 이곳에서부터 강줄기는 멀리 북빙양에 이르는데, 그 거리는 영국과 북아메리카 사이의 대서양 폭과 맞먹는다. 너무 급한 곳도 없이 넓고 깊은 시베리아의 빼어난 강들은 그 고장의 상업적 발전에 매우 중요한 요소로 작용한다.

북위 50도 지역의 세미팔라틴스크에는 옴스크와 토볼스크까지 정기적으로 운항하는 선박들이 있다. 이르티시 강의 오른쪽 기슭에서 동쪽으로 오비 강까지는 바라바 대초원(스텝) 지대가 펼쳐지는데, 5만 평방마일의 풍요로운 토양이다. 그런데 자연배수가 신통치 않은 평원이라서 대규모의 인공적 배수 체계를 확립한다면 이 지방은 언젠가 러시아 제국에서 가장 생산적인 곳으로 발전할 것이다. 오비 강은 알타이 산자락의 이르티시 강 발원지 맞은쪽으로 몽골 국경까지 거슬러 올라간다. 오비 강 발원지에서 250마일 떨어진 뷔스크 마을에서는 북빙양에 이르는 배를 탈 수 있다.

톰스크 위쪽의 출림 강은 이 지역 최상의 농경지를 가로지르며 구불구불 흐른다. 오비 강은 북서쪽으로 바라바 스텝을 통과해서 북위 61도상의 트로이츠코에에서 또다시 이르티시 강과 합류한다. 그 북쪽으로 '우르만스' 라고 해서 사람이 살지 않는 늪지대가 10만 평방마일에 걸쳐 펼쳐진다. 원시림이 이 늪지를 덮고 있다. 소나무, 전나무, 너도밤나무, 아름드리 서양 삼목이 가득하다. 고목들은 땅을 덮으면서 급속히 해체된다. 특이한 기후 때문이다. 이 지역을 벗어나면서 나무들은 차츰 작아지다가 결국 키 작은 버드나무들이 나타난다. 여름 해빙기에도 2피트 두께에 불과한 토양은 100피트 정도 더 밑으로 내려가면 바위처럼 단단한 얼음뿐이다. 더 북쪽으로 툰드라 지대에서는 풀조차 거의 드물고, 이끼만 간신히 필 것이다. 북빙양 해안의 얼어붙은 황무지에서 식물이 살아남으려는 최후의 노력이다.

이 드넓은 툰드라 지대와 그 남쪽으로 대륙을 가로지르는 방대한 숲 지역은 거의 탐험되지 않았다. 예니세이 강과 레나 강 사이 지역을 처음으로 통과했던 유럽 여행자는 스태들링이다. 당시 그는 기구를 타고 북극 탐험을 하려다 실종된 앙드레를 찾으려고 했다. 그는 단 51일 만에 1860마일을 뒤졌다. 문명인이 단 한 번도 지나가지 않은 지역이라는 점, 또 보통 유목민의 길은 숲의 훨씬 남쪽으로 뚫렸다는 사실을 생각하면 실로 경이로운 일이다. 스태들링은 이런 말을 했다. "타이무르 반도 가장 위쪽의 노소바야 툰드라는 늪과 호수가 즐비한 평지로, 날씨가 좋을 때는 여행하기 어렵지 않다. 어떤 호수 근처에는 왜소하게 오그라든 낙엽

송들이 빼곡한 숲이 자리 잡고 있어 놀랐다. 원주민들이 그 아름다운 방언으로 툰드라라고 부르는 '얼어붙은' 그 막막한 광야에서 그곳은 마치 하나의 섬 같았다. 우리는 종족이 다르고, 고기잡이와 여우 사냥으로 먹고사는 아주 가난한 원주민 가족도 만났다."

카탕가 강에서 스태들링은 좀 더 부유해 보이는 원주민 오두막과 마을도 찾았다. 러시아정교로 개종하지 않고 가장 순수한 샤머니즘을 따르는 돌간 족이었다. [돌간 족은 알타이 어족의 돌간 어를 쓰는 시베리아 토착민족. 현재 약 수천 명이 생존해 있다. 가장 유명한 인물은 1997년 결빙 상태의 매머드를 발견해 자신의 이름을 붙인 야르코브.] 이들의 거래 품목은 모피뿐인데, 그나마 시장을 통제하고 보드카를 팔면서 돌간 족을 가난하고 황폐하게 만드는 시베리아 상인들에게 헐값에 내주고 있다. 레나 강에서 예니세이 강 하구에 이르는 지역에서 두 차례 탐사 시도가 있었다. 모두 황량한 북빙양 연안의 역사에 덧붙여진 비극이었다.

러시아 장교 프론치세프는 1737년에 레나 하구를 출발해 타이무르 반도 북단에 닿았다. 하지만 그는 역풍을 만나 제대로 항해할 수 없었다. 여러 날을 강한 서풍에 맞서 지그재그로 움직여 나아가려고 애쓰던 그는 탐사를 포기하고, 레나 삼각주 서쪽의 올레네크 강 어귀로 진입해서 겨울을 나려고 해보았다. 그러나 바람이 바뀌어 남동쪽에서 저항하기 어렵게 불어댔다.

프론체세프는 빙하로 가득한 공포의 바다에 맞서 뭍에서 멀어지지 않으려고 했다. 그의 아내도 동반했었다. 이를테면 두 사람의 밀월여행이었다. 여로에 오를 때 결혼했기 때문이다. 불안과 좌절 속에 탈진한 이 장교는 배가 해안에 닿기 이틀 전에 사망했고, 젊은 아내도 상륙하던 그 순간에 숨을 거두었다. 대원들은 배를 포기하고서 야쿠츠크에 도착할 수 있었다.

탐험가들

"드 롱 탐험대의 운명은 더욱 비참했다. 그의 증기선 '자네트' 호는 1881년 6월 12일에 북위 77도 15분, 동경 154도 59분의 시베리아 섬들 가운데 가장 북서쪽의 극지에 좌초했다. 3대의 큰 보트로 출발한 이 탐험대는 유빙을 헤치며 하천을 통과하면서 레나 삼각주 북쪽으로 90마일까지 전진하는 데 성공했다. 그곳에서 폭풍이 덮쳤다. 치프가 이끄는 보트는 모든 장비와 함께 실종되었다. 다른 두 척은 드 롱과 멜빌이 이끌었는데, 둘은 서로 헤어져 멜빌과 대원들은 간신히 레나 강 어귀에 당도했고, 거기서 다시 동료들을 찾아 나섰다. 12월 1일, 불룬에서 그들은 드 롱 팀의 두 대원을 찾았다. 닌데만과 노로스. 그 전 10월 9일에 팀의 생존자와 유해를 찾으려고 파견되었던 사람들이다. 이들이 멜빌과 조우했다. 10월 19일 끔찍한 고통과 처절한 사투 끝에 오두막을 발견했고, 여기에서 그들은 썩어가는 생선을 먹을 수밖에 없었다. 그들은 다시 길을 찾아 나섰지만 힘이 없었다. 22일, 원주민 안드로소프가 그들을 발견해 음식을 주고 불룬으로 데려왔다.

그들은 다른 동료들이 강 하류에서 굶주려 죽어가고 있다는 사실을 원주민들에게 이해시키려 애썼다. 하지만 원주민들은 앞서서 길을 재촉할 뿐이었다. 그렇게 멜빌과 만나고 난 뒤에야 구조대가 드 롱과 그 대원에게 급파되었다. 만약 닌데만과 노로스가 원주민에게 상황을 즉시 이해시킬 수 있었다면, 드 롱은 구조되었을지 모른다. 1882년 3월 23일에야 그의 캠프를 찾았다. 멜빌은 눈밭에서 삐져나온 드 롱의 팔을 발견했다. 그의 이런 모습에서 분명히 알 수 있는 것이 있었다. 그는 큰 물결이 닿지 않는 높은 곳까지 기록물을 옮겨놓으려고 애썼던 것이다. 죽어가던 그 순간까지. 그의 마지막 일기는 1881년 10월 30일자였다. '일요일. 오늘 밤, 보이드와 고르츠가 죽었다. 콜린스도 죽어간다.' 멜빌은 그 '모뉴망' 곶 위에 커다란 나무십자가를 세워 드 롱과 그 대원을 매장했다. 그리고 얼마 뒤, 시신을 화장해 고향으로 이장했다."

북빙양 연안을 따라 오비 만으로 하구가 넓어지는 곳에서 얄말 반도가 그 넓은 바다 속으로 삐져 들어가면서 하구의 왼쪽 기슭을 형성한다. 그리고 또 다른 반도 아래쪽에서 시작되는 우랄 산맥이 낮은 구릉으로 물결치며 이어지다가 차츰 남쪽으로 높이 솟는다. 이 산맥의 품에 드는 모든 지역, 즉 오비 강과 이르티시 강 유역은 지극히 비옥하다. 이 지역은 수많은 하천으로 적셔지며, 그 하천 대부분을 배로 통행할 수 있다. 콘다, 타라, 타이다, 미야스 강 등은 동서로 남북으로 그 본류인 이심 강으로 통한다. 여기에 물론 시베리아철도가 지나다니며 그 산물을 유럽 시장으로 운송한다는 사실을 덧붙여야 한다.

오늘날 우랄 산맥에서 광맥을 찾는 작업은 아직은 그 풍부한 가능성에 못 미친다. 하지만 그 생필품의 공급만 해도 이미 이 지역 시장의 발전에 무시할 수 없는 요인이다. 이 지역이 현재보다 열 배 많은 인구를 수용할 수 있음은 말할 나위가 없다. 또 유럽과 가깝기 때문에 이곳에서 사용하는 원시적인 농기구는 더욱 놀랍다. 다른 시베리아 지방과 마찬가지로,

여기에서도 나무쟁기를 끄는 황소들과 기다란 톱으로 목재를 켜는 것을 볼 수 있다. 관개배수의 경우, 주민들은 중국인과 비교할 수 없이 뒤져 있다.

1895년에는 시베리아철도 개발위원회에서 바라바 스텝 배수 공사에 착수했다. 경작지를 시베리아철도변으로 확충하려는 것이다. 400만 데시아틴(1데시아틴=1.093헥타르)에 걸쳐 물을 빼내게 될 것이라고 한다. 현재 착공된 곳은 75개 구역으로, 주민 1만6000명이 속하는 한 구역에서만도 40만 데시아틴에 걸쳐 배수를 한다. 600베르스트(1베르스트=1.067킬로미터) 길이의 운하도 팠는데, 이런 공사도 더욱 큰 규모에 비하면 별것 아니다. 키르기즈 스텝은 이르티시 강과 이심 강 사이 지역으로, 오비 강 유역 그리고 시베리아철도의 옴스크와 페트로팔로프스크 구간 북쪽 지역에서 가장 중요한 분지이다. 스텝에서는 까마득히 먼 옛날부터 상거래를 해왔고, 북쪽으로 그 권역을 넓혀왔다. 그 북쪽에서 키르가즈-카이샤, 드장구르, 칼미크 등의 유목민이 러시아 상인들이 빈번히 왕래하는 시장에서 교환하거나 판매할 물건들을 갖고 나오곤 했다. 18세기에는 오늘날 철도가 지나는 구역에 물물교환 장터와 세관이 조성되었다. 현재의 철도는 남부의 광활한 스텝의 경계지대에서 그 중심지 역할을 하면서, 초원길과 대상로隊商路를 가른다. 아크몰린스크와 세미팔라틴스크 지역을 포괄하는 이 스텝은 1만9000평방마일에 달한다.

아크몰린스크 지역은 단조로운 평야로, '홍게르 스텝' 이라고 부르는 황량한 지역에서 북쪽으로 조금 치우친 곳이다. 움직이는 모래벌판인 이 홍게르 스텝은 사막이나 진배없는데, 북위 48도 부근으로 갈수록 비옥해지기 시작한다. 이 평원은 아크몰린스크 산맥과 세미팔라틴스크 산맥에 가로막혀 있다. 이 산맥들은 키르기즈 국경을 이루면서 풍부한 미지의 광맥을 감추고 있지만 아직 미개발 지역이다. 충분한 인력 조달이 어려운 데다가 대부분의 사람들이 철도부설 공사에서 더 좋은 일터를 찾기 때문이다. 아무튼 미미한 조사만으로도 그 결과는 세미팔라틴스크 산맥의 굉장한 미래를 약속한다.

세계에서 가장 큰 탄광

1897년에는 이 지역에서 금 1224파운드를 채굴했다. 또 이 지역에는 아직 손도 대지 않고 매장량도 전혀 파악되지 않은 납이 대량으로 묻혀 있다. 자이산과 카르칼린스크 지역에서는 은광맥도 풍부하게 발견되었다. 아크몰린스크에서는 우랄 산맥의 최상품 구리와 맞먹는 것을 발굴했고, 랴자노프 가문 소유의 스파스 공장에서 처리하고 있다. 키르기즈 스텝에는 철광맥도 풍부하다. 시베리아의 철강 수요와 우랄에서 나는 철의 높은 가격을 생각할 때 개발하지 않고 있다는 것이 놀라울 뿐이다.

이토록 풍부한 지하자원의 경제적이고 유리한 개발에 필요한 것은 석탄뿐인데, 석탄 또한 풍부하다. 예를 들어, 스파스 공장 인근에 카라간딘 탄광이 있다. 전 세계에서 가장 주목할 만한 곳이다. 세미팔라틴스크 구역에도 이르티시 강 좌안의 철로 근처 파블로다라에 이르티시 탄광회사에서 개발 중인 거대한 탄전이 있다. 같은 기슭에 금광 소유주 포포프는 5사젠 두께의 층을 이루고 있는 어마어마한 탄전을 개발하고 있다. 또 다른 사례로, 톰스크에서 480베르스트 떨어진 군체쿠를 들어보자. 양질의 탄전의 층이 6사젠 이상이다. 이런 탄전의 규모가 어느 정도인지는 그 수치 하나만 들어보아도 흥미롭다. 마이스터 씨가 그곳을 꼼꼼히 탐사한 기술자로서 내놓은 수치가 있다. 이 탄광은 이르티시 강변의 에키바스 투즈라는 곳에 있다. 파블로다라에서 132베르스트 떨어진 곳으로, 보스크레센스크 석탄회사에서 개발했다. 기술자의 보고서에 따르면 그 매장 층의 두께는 5~6사젠이다. 그곳에는 밝은 화염을 뿜으며 타오르는 최상품 석탄이 1억400만 톤이나 매장되어 있는 것으로 추정되었다.

키르기즈 스텝의 광물자원은 그 자체만으로도 이 지역의 풍요로운 기반이다. 석탄 1톤의 가격을 5실링으로 평가하더라도, 2600만 파운드의 가치에 달한다. 이 광맥은 이르티시 강을 통해 철도로 연결된다. 거룻배들로 이 석탄을 옴스크까지 운반해서 시베리아철도의 간선에서 소비할 수 있다. 바로 이 길로 방대한 하천을 따라 이어지는 모든 시장에 공급된다. 시베리아에서 개발할 지하자원의 이런 예는 끝이 없다. 이렇게 볼 때, 러시아에서 철도와 그 관련 계획에 대한 지출을 끊임없이 비판하는 것이 얼마나 엉뚱한지 알 수 있다. 철도를 통해서 이미 개발된 산업의 엄청난 이익이 러시아의 앞날을 내다보는 정치의 보상이라는 것을 알면 그런 부정적인 예측은 불합리할 뿐이다.

키르기즈 스텝 원주민은 예전에 유럽을 침략했던 투르크-몽골계 기마민족의 후예로서 스텝 국경지대 인구의 약 8퍼센트를 차지한다. 1897년 통계에 따르면, 136만4000명이다. 이들은 이슬람과 샤머니즘이 혼합된 흥미로운 신앙을 갖고 있다. 유목민으로서 혹한기를 제외하고 스텝 한복판을 여기저기 떠돌며 산다. 정해진 길을 따르지도 않고, 고대로부터 물려받은 관습과 전통에 따라 방향을 정하며, 이동식이자 나무와 깃털을 엮어 만든 천막 같은 '유르타스'에서 생활한다. 이 가옥은 뿔 모양도 있고 원개형도 있으며, 세심하게 제작된 것은 15파운드나 한다. 이들은 골짜기, 숲 또는 산속에 숙영지를 마련하고서, 작은 목재 오두막에서 겨울을 난다. 오두막은 상시적인 것도 있는데, 이는 원주민이 차츰 유목 생활을 포기하고 더 안정적인 거처를 마련하려고 한다는 표시이다. 스텝 전역은 시베리아의 다른 곳처럼 국가 소유다. 황제는 유일한 영주이지만, 유목민에게 시베리아 어느 곳으로나 대대적으로 유입되는 식민 이주민과 같은 자격을 준다.

스텝 북부에는 카자크 부락들이 줄을 잇는데, 지금은 옴스크와 페트로팔로프스크 구간을 운행하는 시베리아열차가 통과한다. 군대는 시베리아 카자크 족장의 지휘와 행정적 감독을 받는다. 다수의 카자크 족은 무슬림으로서 목축과 수렵과 농사에 종사한다. 열여덟에서 스물한 살 사이에 그들은 일종의 예비 병력이 되며, 그 뒤 12년간 복무한다. 그 뒤로도 예비병 기간이 따르고, 서른여덟이 되어서야 의무에서 면제된다. 군복무는 수확이나 다른 일에 방해가 되지 않는 식으로 조직된다. 전시에 시베리아 카자크 족은 각 600명의 기병연대 9개 부대를 동원할 수 있다.

때때로 키르기즈 영토의 상당 부분은 이주민의 몫으로 남겨둔다. 최근 몇 해 동안, 이 예비 용지는 수와 규모가 훨씬 늘었다. 이주민에게 할당하는 토지의 선정과 구획 등은 시베리아철도 위원회의 통제 하에 진행된다. 이 위원회는 생산물을 수출할 수 있는 모든 수단을 지원하고 유리하게 할 태세를 갖추고 있다. 예컨대 버터 산업을 들어보자. 철도가 놓이기 전에 버터는 이심 분지에서 쿠르간과 티우멘으로 탁송되었는데, 이곳에서 유럽 내 러시아로 보내지고 독일과 터키에서도 대량으로 판매되었다. 대농장들은 농민에게서 버터를 구입했고, 그 거래액은 쿠르간과 티우멘에서만 200만 루블이 넘었다.

이제 철도는 이 산업을 특이하게 성장하도록 만들었다. 철도를 따라, 그 도시와 마을과 또 그 이웃 마을에서 과거의 원시적인 방법은 포기되었다. 가장 작은 마을에서도 최신 모델의 분리기로 버터를 만들고 있다. 대륙을 지나오면서 이곳처럼 고소한 버터를 맛볼 수 있는 식당도 없는 듯했다. 매우 신선하고, 소금기도 없고, 값도 영국의 절반 정도이다. 철도회사에서는 이 수지맞고 급속하게 신장하는 사업에 이용할 냉동전용차 2량을 서둘러 제작했다. 이 차량 덕에 서유럽 각지에 시베리아의 신선한 버터를 공급하는 새로운 시장이 개척되었다. 덩달아 신선한 육류의 거래도 증가했다. 아크몰린스크와 세미팔라틴스크 지역은 700만 두가 넘는 가축을 키운다. 운송 수단만 편리해지면 수출을 위한 거대한 잉여분이 있을 것으로 생각할 수밖에 없다.

도축하지 않고서 산 채로 보내지는 중간 크기의 가축들은 질이 좋다. 살찌우기도 쉬워, 이것을 시장에 내다파는 첫 번째 도매상에게 큰 이익이 된다. 키르기즈에서 축산은 대단히 원시적이다. 하지만 러시아 정부는 보호자처럼 가축의 사육을 개선하려고 큰 노력을 쏟는다. 키르기즈에서 양羊은 소득의 큰 비중을 차지한다. 이 양들은 덩치가 크고 털이 무성하며, 꼬리가 큰 놈은 무게가 30~40파운드나 된다. 해마다 두 차례씩 털을 깎는다. 키르기즈의 조랑말은 볼품없고 뼈만 앙상한 모습인데, 기운이 넘치며 놀라운 인내심을 보인다. 단 한 번도 쉬지 않고 10~12시간을 타고 다닐 수 있다. 그 시간 동안 이놈들은 100~150베르스트를 이동한다. 한겨울에도 밖에서 지내며, 여섯 달 동안은 자기네가 알아서 먹이를 해결한다.

종마사육장을 관리하는 당국은 새 혈통을 섞어 이들의 체격을 개선하려고 노력한다. 물론 그 완고하고 강인한 장점을 잃지 않은 채로 말이다. 그러면서 축산물을 산 채로 거래하는 것 못지않게 말과 소, 낙타와 양, 염소의 가죽 수출도 점점 중요해지고 있다. 낙타, 염소, 말의 털과 어린 양모, 염소뿔 등 모든 품목이 갑자기 상당한 값을 받고 있는데, 이는 수출업자에게 지속적인 이익을 보장하며 열차편으로 쉽게 운송되기 때문이다.

결과적으로, 오비 강 유역의 분지는 밝은 상업적 미래를 보여준다. 러시아 황제와 그 제국은 얼마나 풍요로운 자원을 갖고 있는지!

19장

동으로 향하는 거대한 이주 행렬

이주민 아기를 위한 훌륭한 요람

이주운동의 진보

시베리아철도를 이용해 태평양에서 모스크바로 건너온 여행자를 가장 놀라게 하는 것은 동쪽으로 향하는 거대한 이주민 물결이다. 이 세상 어디에서도 이런 광경을 볼 수 없다. 매일 길게 편성된 열차들과 마주치며, 저녁에 역에 정차한 것을 본다. 이 거대한 점령군은 마치 소풍 가는 모습 같기도 하다. 내가 이주민 열차를 처음 본 것은 여행을 시작한 지 둘째 날 만주에서다. 기본적으로 이주민들이 탄 객차는 4등칸이라고 부르는 화물칸으로, 요금이 매우 저렴하다. 그 객차 한복판에 난로가 놓여 있고, 지붕으로 연통이 이어져 있다. 그 가장자리에 큼직한 선반이 3층으로 구성되어 맨 위의 것은 가방, 다른 둘은 서너 명이 나란히 눕는 침대로 사용된다.

이런 설비는 이주민들에게 매우 편안하게 여겨질 것 같다. 대체로 과거에는 이보다 못한 수준의 것에 익숙했을 것이기 때문이다. 아무튼 내가 보기에도 이 칸이 붐비는 3등칸보다 차라리 나아 보였다. 겉으로 보기에 이주민들은 매우 흡족한 표정들이어서, 그만큼 쾌활해 보이는 사람들을 보기도 어려웠다. 신체적으로도 덩치가 크고, 아일랜드 농부 비슷하다. 특히 여자들은 옷차림이 거의 같아 보였다. 나는 점심을 준비하거나 아침에 화장하는 여자들을 보았다. 화장은 간단했다. 역마다 여성 전용의 뜨거운 물이 나오는 화장실을 무료로 이용할 수 있다.

나는 문간에서 한 꼬마가 세 청년의 큼직한 손에 더운 물을 붓는 것을 보았다. 청년들은 세수를 하고서 웃음을 터뜨리고, 물 때문에 낯이 꺼칠한 줄 알게 되었다는 듯이 익살맞게 물을 끼얹어댔다. 이어 늘씬하고 당당한 젊은 부인이 아이들을 열차에서 내려놓았다. 한 손으로 받쳐 들기에는 너무 높았다. 그녀는 그렇게 다섯 아이들을 내려놓았는데, 마지막 아이는 너무 어려서 걷지도 못했다. 역마다 좌판이 있어 저렴하게 좋은 식료품을 구할 수 있다. 우유 1리터에 10코페크. 빵 한 덩어리는 5코페크. 계란 10개 한 꾸러미는 익힌 것이든 날것이든 2.5펜스이다. 커다란 소시지나 달콤하게 조리한 음식, 과자 등 러시아 사람들이 즐겨 먹는 군것질거리가 많다.

러시아 사람들은 어느 곳에서나 훌륭한 빵을 만든다. 검은 빵은 묵직하고 약간 소금기가 돈다. 러시아 동료는 대부분 흰 빵보다 이것을 더 좋아하는 듯했다. 하지만 그 맛에 길들여져 그럴 뿐이다. 파란 들통은 이주민의 필수적인 소지품인 듯했다. 늘 이것을 사용한다. 차를 즐겨 마시기 때문이다. 이 사람들은 자신들을 기다리는 거대한 미개지를 식민화하는데 이상적인 희망을 품는 듯했다. 노인은 거의 보이지 않았다. 그러니 특히 많은 독신자들, 처녀총각들이나 젊은 부부들이 두세 명의 아이들을

건강하고 젊은 이민자

데리고 있었다. 서로 빼닮은 모습에서 결혼한 부인이 아직 처녀인 동생을 동반하고 있음을 알 수 있었다.

그들을 기다리는 비옥한 땅

가부장적인 러시아 정부는 이주민을 위해 감탄할 만큼 단순한 제도를 개발했다. 그들이 사는 마을에서 정해진 시간에 이들을 챙겨 새로운 정착지까지 데려다주는 것이다. 지난 한 세기 동안, 시베리아에서 이루어진 실질적인 식민화와 그 지역 인구의 증가는 정부의 지원을 받은 자유이주민 덕분이다. 나라의 한 구역이 개방되고 그곳으로 갈 수 있는 편의가 제공될 때마다, 러시아 전역에서 식민지로 이주하는 사람들이 동쪽으로 옮겨갈 채비를 했음을 알 수 있다.

크림전쟁 이전까지, 이와 같은 연간 이주민의 숫자는 지속적으로 증가했다. 잠시 주춤했던 노예해방이 공표된 1862년까지도 그 전과 변함없이 증가했었다. 1887년부터 1895년까지 9만4000가구, 즉 46만7000명이 시베리아에 정착했다. 1897년에서 1898년까지 이 숫자는 4배로 늘어났고(연평균 3만2000명), 금년에도 이전의 모든 기록을 넘어섰다. 철도 부설의 효과라고 생각하면 전혀 놀라울 것도 없다. 그전에는 이주민들이 마차 길을 달려야 했고 아무르 지방까지 3년간 여행해야 하지 않았던가! 1889년의 법은 국가가 이주민을 조직적으로 지원한 첫 번째 입법 사례로, 그 이주 수단과 함께 경작에 적합한 토지를 제공했다.

오늘날, 이주는 고향을 떠나기 전에 40에이커의 토지를 무상으로 받는다는 조건이다. 3년간 면세 혜택을 누리고, 그 기간에는 병역도 면제된다. 그다음 3년간은 다시 세금의 절반만 내면 되고, 그렇게 6년간의 세금을 모두 합쳐도 데시아틴 당 2루블 70코페크에 불과하다. 극빈층 이주민은 여기에 주택 자재용 목재와 농사지을 종자도 제공받는다. 게다가 정부는 각 가정에 필요한 경우 30루블에서 100루블의 자금을 융자해준다. 무이자에 10년 거치 상환이다. 법이 제정한 매우 효과적이며 실용적인 조치는 이주하는 길 위에서 벌어지는 것인지 모른다. 이주민이 무료로 의료 혜택을 받을 수 있는 설비를 갖춘 역들도 있다. 역에는 그들의 땅으로 데려다줄 수레들도 대기하고 있다.

이렇듯 그들은 힘든 여행의 피로에 지쳐 목적지에 도착하는 것이 아니라, 건강을 유지하며 자신을 기다리는 원시적인 자연과 싸울 준비를 충분히 하게 된다. 이 나라를 횡단하는 이 선로의 양쪽 끝에서 약속의 땅으로 들어가는 사람들을 보게 된다. 이제 막 도착한 사람들은 움막 같은 것을 짓고, 당장 땅을 갈고 곡식을 심기에 바쁘다. 그곳의 검고 깊고 비옥한 땅이, 창세기 이후 처음으로 나무쟁기로 갈아엎어지는 것을 본다! 여자들도 남자처럼 기나긴 겨우살이 준비에 매달린다. 파종을 끝낸 이주민들은 통나무집을 짓고, 또 한 해만 살더라도 이런 집들이 얼마나 편안한 거처가 되는지 자랑스럽게 보여준다. 이 집들은 러시아 벽촌의 남루한 오두막에 비하면 훨씬 살 만해 보인다.

마을의 중심이 어느 정도 형성되면, 금세 작은 성당이 들어선다. 보통 그런 목적을 위해 마련된 알렉산드르 3세 황제의 기금으로 짓는다. 그곳에서 성상과 금빛이 번쩍이는 그림들과 푸르고 둥근 지붕을 볼 수 있다. 그렇게 종은 식민을 환대하며 울리고, 그 새로운 땅을 축복하기에 적합하다. “내가 사랑하는 러시아가 바로 여기 있잖소!” 어느 날 내게 어떤 왕자가 한 말이다. 우리가 함께 여러 마을을 돌아다녔을 때…. 나도 왕자의 이런 감흥에 어느 정도 공감하지 않을 수 없었다. 그 모든 것이 뜻대로 되는 듯했으므로—그가 바라보는 듯한 러시아의 위대한 사명과 이 민족이 꿈꾸는 목적을 행한 행진 말이다.

나는 몬테카를로에서 이 왕자가 제일 좋아하는 놀이를 즐기는 모습을 보곤 했다. 그가 사랑하던 농부가 한 해의 일을 하는 놀이다. 마치 상속권을 행사하듯이, 농민은 일하고 그는 즐기는 운명인 듯했다. 그런데 이 둘 사이에는 내심 똑같은 애국심이 흐르고 있었다. 러시아만큼 대영주들이 자신의 역할을 잘하고 있는 곳을 어디에서도 보기 어렵다. 보시를 하는 것은 이를테면 그들의 사회적 지위의 자부심에 걸맞게 거스름돈을 돌려받지 않는 것과 같다. 탁발승, 맹인, 벙어리 등 성당 앞에 줄을 서거나 길 한구석에 죽치고 있는 사람들 모두가 이들의 호주머니에 기대어 살고 있다.

상류사회만이 아니라 중간층에서도 나는 이와 같은 관용을 본 적이 없었다.

어느 역에 정차했던 그날, 우리 열차로 여행 중이던 작은 여인에게 한 이주민이 따라붙었다. 그 이주민은 목적지에 가기도 전에 가진 것이 바닥났다고 그녀에게 울면서 하소연했다. 바로 직전에 나는 그녀가 포도주 값이 너무 비싸 마실 수 없다면서 맥주를 집어 들었던 것을 보았다. 그런데 그녀는 이주민에게 5루블을 내놓았다. 그 이주민은 동쪽으로 향하는 대행렬에서 낙오한 사람으로 거의 죽을 지경인 듯했다. 그는 진정으로 감사의 뜻을 표하고 나서 차표를 끊으러 매표구로 달려갔고, 우리는 그가 이내 동쪽으로 가기 위해 열차의 혼잡한 틈으로 끼어 들어가는 것을 보았다.

나는 매일 이주민들과 이야기를 나누었다. 크라스노야르스크에서 만난 몇 사람은 모스크바 남쪽 100마일 떨어진 마을에서 오는 길이라고 했다. 3년 전에 그들 중 한 사람이 옮겨갈 곳을 직접 '타진하러' 갔었다. 그 곳 사정은 괜찮았다고 했다. 그래서 한 가족이 그와 합류했다. 이 가족은 좋은 소식을 보냈다. 그렇게 이제 거의 여섯 가족이 먼저 가 있는 가족을 찾아가는 중이었다. 그들 모두는 희망과 확신으로 뭉쳐 있었다. 튼튼하고 건장한 남자들과 그에 못지않게 활력에 넘치는 여자들, 그토록 건강한 아이들, 이들은 정말 살 만했을 것이다. 나는 이 사람들에게 고향을 떠나 슬프지 않은지 물어보았다. "그렇지요!"라고 우선 여자가 말문을 열었다. 하지만 그녀의 남편이 갑자기 끼어들었다. "거기서는 살기가 아주 고됩니다." 그는 동쪽을 가리키면서 이렇게 말을 이었다. "저기 땅이 모두 우리 것이 되겠지요." 그는 신바람 나는 몸짓으로 발을 굴렀다. "땅이 우리 것"이라는 말, 바로 거기에 지상에서 우리가 만나는 부지런한 농부의 비밀이 있는 게 아닐까?

이주민들 중에서 나는 상당히 많은 유대인을 보았는데, 그들은 주로 금광에 이웃한 도시로 가는 길이었다. 이미 정착민이 많은 도시들이다. 이주민들의 편안한 옷차림에도 놀라게 된다. 남자들은 긴 드레스 같은 통짜 옷과 무릎까지 올라오는 긴 장화에 모피 모자와 장갑, 또 대부분 여행 중에 침구로 쓰는 털로 안감을 댄 외투를 걸쳤다.

1897년의 조사에서 시베리아 인구가 100퍼센트 증가했다는 것은 놀랍지 않다. 1858~59년의 조사와 비교해서 700만 명이 증가했다. 이미 얼마 전부터 이런 이주의 효과가 러시아 제국 바깥에서까지도 느껴지기 시작했을 것이다. 이 미개지의 비옥하고 방대한 땅에서 나오는 풍부한 농산물은 금세 전 세계 시장으로 쏟아져 나올 것이다. 벌써 시베리아의 엄청난 양의 버터, 고품질의 버터가 유럽으로 진출했다. 시베리아 이주민의 생활은 러시아의 다른 지역 가정보다 훨씬 안락하다. 가족들은 일주일에 한 번 육식을 했지만 지금은 거의 매일처럼 먹으며, 그 밖의 음식도 크게 개선되었다.

제조업을 위한 시장의 개척

오래지 않아 이 새로운 주민들은 중요한 소비자가 되기도 할 것이다. 의류, 연장, 농기구 판매는 순조롭고 또 계속 신장될 수밖에 없다. 대련 신항과 철도는 이런 증가된 물류를 실어 나르는 자연스런 운하의 중요한 부분이 될 것이다. 미합중국은 시베리아와 만주 시장이 장차 얼마나 중요할지 가장 먼저 이해했다. 이들은 자신들에게 주어진 기회를 즉시 포착했다. 철도를 부설할 때, 미국인이 맨 처음 수주했다. 기관차 엔진도 볼드윈 제품이었다. 이 엔진들은 주문을 받은 지 단 열흘 만에 필라델피아에서 탁송되기도 했다. 대련은 미국에서 6000마일 거리일 뿐이고, 1만2000톤급 증기선들이 '패시픽 메일' 사에서 건조 중이며, 또 2만6000톤급 선박들이 이 항구로 들어올 것이다(현재 미국의 '그레이트 노던 컴퍼니' 조선소에서 건조 중이다).

만주 전역에 황제의 지시로 신도시들이 건설되었다. 하얼빈, 봉천, 여순, 대련 등인데 그중에서 대련이 가장 훌륭하다. 이런 신도시에서 수천 파운드 가치의 미제 철강재, 제분기, 전기설비 등을 볼 수 있는 반면 영국 제품은 거의 없다. 현지에 우선적으로 물건을 들여놓고 시장을 선점하는 것이 중요하다. 바로 미국인들이 그렇게 하고 있다.

이 시장이 나중에 어떻게 바뀔지 추정할 수 있는 수치가 있다. 이 말을 누누이 반복했지만, 러시아인처럼 다산인 민족은 유럽에 없다. 1897년 통계를 보면 출생률이 46.3인데 사망률은 33.6이다. 매년 161만3377명이 증가한다. 러시아에서는 출생자가 사망자보다 훨씬 많아, 매년 26만5300명이 차이가 난다. 만주를 포함시키지도 않은 것이다. 러시아에서 시베리아로의 이주민은 올해 30만 명이다. 매년 늘어나고 있다. 경작 가능한 비옥한 토지가 산림을 제외하고도 50만 평방마일에 달한다. 이 고장의 현재 인구는 500만으로, 이는 평방마일 당 10명꼴이다. 유럽 내 러시아의 최상위 토지와 같은 크기의 경작지로 치자면 500만 주민이 거주할 수 있다. 여기에 또 30만 평방마일의 만주 땅을 추가해야 한다. 영국 외교부도 이제 러시아 영토로서 인정할 수밖에 없는 곳이다. 이렇게 아시아 지역의 러시아를 확고히 하는 데 기여할 요인이 많고, 또 가까운 장래에 인구도 급속히 증가할 것이다.

20세기 말이 되기 전까지

유럽 내 러시아 인구의 잉여분이 이제 이주를 준비하고 있다(연간 100만 명 이상이다). 이 숫자 이상의 사람들이 거의 무상으로 증여되는 토지와 각종의 정착 지원이라는 이점으로 이주에 끌릴 수 있다. 게다가 마침내 편리하고 빠르고 저렴한 교통 수단인 시베리아열차가 달리고 있다. 다른 이점도 들춰보자. 만주와 시베리아의 자원은 그 나머지 세계와는 별개의 방대한 인구를 먹여 살리기에 충분하다. 철과 석탄은 금, 구리, 주석 못지않게 풍부하다. 산림은 줄어들지 않는다. 또 엄청난 양의 물을 사용할 수 있다. 하천은 내륙 교통을 가장 경제적으로 운용할 수 있게 해준다.

이 나라에 필요한 것은 그저 건강한 팔뚝, 노동력뿐이다. 더구나 이런 팔이 오죽 많은가! 금세기 말에 아시아 지역의 러시아 인구는 얼마나 될 것인가? 지금의 인구가 60년 이내에 두 배가 된다면 사실상 그들을 어디에 정착시킬 것인지가 고민거리일 것이다. 1950년에 아시아의 러시아 인구는 만주를 포함해서 5000만에 이를 것이고, 2000년에는 1억에 달할 개연성이 높다. 제국의 길에서 현재의 이주민 물결을 가능하게 만드는 것은 시베리아열차다. 이것을 구상하고 실현한 사람들의 탁견 앞에서 나는 감탄하고 있다. 이들의 유능한 실행력은 물론이고, 해가 떠오르는 세계를 향한 수백만의 이주 행렬을 이끌고 있다는 점에서도.

20장

모스크바, 러시아의 심장

크렘린의 한 성당

산업도시 모스크바

시베리아열차 여행은 서쪽에서 동쪽으로보다 그 반대 반향이 더욱 흥미롭다. 파노라마와 세세한 관심거리가 모스크바에 이를 때까지 끝없이 이어지며 넘쳐나기 때문이다. 하지만 모스크바에서 출발하면, 날이 갈수록 종착역 대련까지 점점 더 삭막하고 거칠어질 뿐이다.

모스크바에서 여행자는 상상한 만큼의 보답을 받는다. 제국의 진정한 수도로서 그 풍부하고 장엄하며 경탄할 만한 특유의 색채 덕분이다. 그런데 명목상의 수도 페테르스부르크는 다른 도시들과 마찬가지의 틀에 맞춰 세워졌다. 러시아인에게 모스크바는 자기네 종교의 성지와 같고, 로마처럼 귀중한 성소로서, 그 속에 황실의 보물이 들어 있으며, 오늘날에도 여전히 이 나라 산업과 상업의 중심지이다. 방문객은 모든 러시아인의 과거에서 그 생활의 정수가 집중된 많은 것에 매혹되어, 이 수도에서 현재의 성취와 미래의 약속을 담고 있는 모든 것이 펼쳐짐을 본다. 러

크렘린 전경

시아의 맨체스터쯤 되는 동네가 구시가지 교외에 조성되고, 신흥 부유층이 이제껏 귀족만이 누리던 신성한 자리를 뚫고 들어온 것이다.

백만장자가 된 중간층

"낡은 질서는 바뀌고 새 질서에 밀려난다." 이런 금언은 이 막강한 제국과 관련된 모든 것, 침략과 정복 또는 큰 주기로 벌어지는 혁명처럼, 이곳에서도 마찬가지의 의미를 지닌다. 그런데 제조업체에서 50~60퍼센트 배당을 준다는 말을 들어본 적이 있는가? 러시아의 신흥 백만장자들은 대개 중산층 출신으로, 몇 푼 안 되는 자금으로 시작했다. 이들은 최상층이 아니었기 때문에 오히려 여러 가지 면에서 유리했다. 최상층 사람들은 관용과 선행과 제국적 애국심으로, 광범위한 위상과 폭의 문제라든가 그 방법을 대영주답게 생각하고 처신해야 했을 것이다. 하지만 낮은 계층 출신은 자신의 계급 상승 의지를 동포애 같은 공감대 속에서 발휘했을 것이다.

여기서 중간층은 그 어느 경우도 아니다. '금권 정치'로 갑자기 상승했다. 역사는 항상 시대와 장소를 통해 반복된다. 백만장자의 부인은 돈 덕분에 이제 사회의 상류층에 뾰족구두를 신고 드나들게 되었고, 가정의 모든 영향력을 남편의 출세를 위해 쏟을 것이다. 이런 것에서 우리가 보고 있는 여러 나라의 희극이 빚어지지 않던가! 러시아 귀족 모두가 영지를 갖고 있는 만큼, 영지 확보는 백만장자의 일차적 과업이다. 그는 땅을 개간하려거나, 농사나 경작 조건을 배우기 위해서가 아니라 단지 사회적

위신을 높이려고 땅을 사들인다. 오늘날 러시아처럼 산업이 눈부시게 급신장하는 나라도 보기 어렵다. 진흙탕 촌에서 칙칙하고 음침한 집에 살던 사람들이 지금 대거 도시로 몰려들고 있다. 장시간의 노동과 형편없는 봉급을 받는데, 제 몫을 받는 것도 아니다. 이들은 자신들의 처지와 힘을 깨닫기 시작했고, 이런 사실은 여러 산업기지에서 끊이지 않고 빈발하는 파업으로도 확연히 알 수 있다. 제조업자들의 막대한 이익은 값싸고 풍부한 노동력 덕분인데, 더구나 이런 일손은 현재로서는 딱히 달리 쓸 만한 곳도 없기 때문이다.

면사綿絲처럼 러시아에서 호황인 산업도 없다. 목화는 투르키스탄에서 대량으로 들여오는데, 외국 면사업자들을 후려치는 관세도 없다. 매년 40만 포에 가깝게 수입되고, 갈수록 증가 일로에 있다. 625만 스핀들〔방적사의 척도 단위〕 가운데 3분의 1이 모스크바 인근에서 생산된다. 제국 내에서도 면직물 수요는 사실상 무한하다. 겨울이면 주민들이 모두 면직물 옷을 입는다. 이외에도 시베리아열차는 극동 시장을 염두에 둘 수 있다. 거의 모든 방직공장에서 우선 영국인들이 경영자로서 선택되었지만, 러시아의 사정은 일본과 비슷하다. 즉, 영국인은 스스로 기술을 전수해주는 날까지만 고용된다.

이제 그들의 자리는 러시아 내국인 차지가 되었다. 뿐만 아니라 러시아에는 외국인에 대한 편견까지 있다. 파업 시기에는 이런 난점이 더욱 늘어난다.

러시아어 외에 러시아의 상용어는 독어라고 할 수 있다. 나라 어디에서나 특히 모스크바에서, 상점과 사무실, 식당, 공공장소 어디서든 독일말이 들린다. 교양 있는 상류층 사람들은 불어를 한다. 그러나 사업상 독

모스크바의 종

어가 훨씬 유용하다. 외국인의 일상적 사용과 관련된 모든 문제에서도 그렇다.

모스크바의 상업적 번영과 발전은 주로 수많은 상점과 왕성하게 짓고 있는 창고 덕이다. 시내에 이미 밀라노의 갈레리아 움베르토를 능가하는 아케이드가 들어서 있다. 세 개의 도로를 따라 (방사상으로) 구성된 수많은 상점들은 삼층으로, 그 앞에 매우 넓은 회랑이 뚫려 있다. 지금도 이와 유사한 상점들이 운집한 단지를 짓고 있다. 이 새롭고 괴상한 건물들은 다른 곳에서 보았던 것과 같은 용도를 겨냥한 것이 아닐까. 밖에 내건 화려한 간판과 광고판은 안에서 무엇을 판매하는지 알린다. 이는 러시아 전역에서 인구의 70퍼센트가 읽을 줄도 쓸 줄도 모르는 문맹이기 때문이다.

러시아의 무지

러시아의 여러 생활 분야에서 이런 높은 문맹률을 퇴치하려는 노력이 엿보인다. 예를 들어, 병영에서는 커다란 그림들이 교재를 대신해서 행동 지침을 재현한다. 가장 심각한 장애는 러시아 민중의 진보에 있다. 무지한 대중을 교육하는 데 어려움이 따르는 것이다. 오늘날 교육은 대부분 성직자들이 맡는다. 교구 신부는 대부분의 시간을 가르치는 데 쏟는다. 현재로서는 러시아에서 의무교육과 그에 준하는 거창한 임무를 수행하기란 불가능해 보인다.

러시아 사람들의 혼을 항상 사로잡고 있는 하느님과 황제의 존재는 다른 곳과 마찬가지로 러시아의 심장, 모스크바에서 유난히 뚜렷하다. 성상과 성화들이 어느 길가에나 보인다. 병사와 실크모자를 쓴 신사, 소매상, 거지 등 모든 계층, 모든 분야의 남자들이 그 앞에서 독실한 모습을 보여준다. 여자들은 짧은 기도문을 고개 숙여 왼다. 이런 태도에 불안한 표정은 없다. 열렬한 믿음에서 우러난다. 대성당들은 대부분 유럽의 그것과는 다르다. 엄숙한 과거의 신앙심에 덕을 보고 있는 것이 아니다. 러시아 전역에서 성물에 대한 지출은 과다하지 않다. 시내에서 가장 웅장한 크렘린 궁 다음으로 큰 대성당은 새로 지은 것이고 황금 돔을 올렸다. 이런 돔들은 순금이 아닌 듯하다. 러시아 사람들은 황동으로 이런 효과를 내는 장식기술을 갖고 있을 것이다. 실내는 프레스코 벽화와 장식과 회화로 화려하다. 황동 장식물은 여기저기서 과장되지 않은 듯하면서도 장중한 인상을 자아낸다.

크렘린은 역대 황제들의 대성당이다. 그 찬란한 위용에 한 점의 흠도 없다. 황제 자신은 우리가 종종 생각하듯이 러시아 교회의 유일한 수장은 아니다. 러시아 정교회는 신앙과 도덕 문제에서 무오류성이라는 가톨릭 교리와 교황의 절대권을 거부하며, 이런 무오류성을 주장하지 않고 새로운 교리를 표방하지 않았다. 러시아 정교회는 니케아 공의회〔가톨릭 고위성직자 총회. 지금의 터키 니케아에서 325년과 787년 두 차례 개최되었다. 두 번째 회의에서 우상숭배 문제를 다루었다〕를 인정한다. 그러나 그 후의 어떤 세계 공의회도 인정하지 않고 있다. 그 주교들이 성직을 직접 계승할 수 있고 또 그렇게 하고 있다고 주장하듯이, 신부들은 성사를 주관할 수 있으며, 가톨릭과 마찬가지 자격으로 교회가 그리스도의 실질적인 거처라고 주장한다. 로마 교황들은 교리가 거의 엇비슷하고,

모스크바 시가지

두 교회(로마 가톨릭과 정교회)의 가르침과 정신을 성스런 야심으로 충만한 하나로 여기며 그 결합을 갈망하고 있다.

두 교회의 가장 놀라운 차이라면, 로마 가톨릭이 완전히 독립적인 데 비해 정교회는 황제의 명을 따른다는 것이다. 정교회는 국가의 가장 큰 보조 권력이면서 완전히 종속된 권력이다. 러시아 주교들은 수도원에서 독신생활을 한다. 하지만 신부들은 결혼할 수 있다. 신부는 신부의 자식이거나 장래에 성직자가 되길 바라는 어린이들에게서 나온다.

신성한 야심

크렘린 궁이 개방될 때마다 신부들을 따라온 농민들을 볼 수 있다. 황실을 둘러보고, 공식 연회장과 박물관, 수장고, 또 나폴레옹이 하룻밤을 묵었던 침실 등을 둘러본다. 안뜰에는 적에게서 노획한 수백 문의 대포들이 줄지어 놓여 있다. 바로 곁에 모스크바 종루가 있고, 거대한 노대露臺가 강 쪽으로 띄워져 있다. 그 너머로 거대한 도시가 펼쳐진다. 크렘린 궁의 화려함을 돌아보고 또 사륜마차들이 포도 위나 또는 더욱 차분한 열차인 전차 길 사이로 전속력으로 줄을 잇는 시내를 주파하려면 며칠이 걸린다. 하지만 여자들은 이 전차에 승차할 수 없다. 호텔들도 도시와 함께 발전했다. 러시아 호텔에 묵지 않으려는 사람은 다른 호텔에 들어갈 수 있다. '내셔널 호텔' 같은 곳인데, 유럽 어느 곳에 비해도 편안하고 화려함에 손색이 없다. 이 고장 특유의 분위기를 원한다면 대형 식당을 찾아가면 된다. 모스크바의 유명 식당들이나 대로의 저녁 길을 거닐거나,

아침에 채소 시장을 가보거나 말이다. 그러나 절대 놓쳐서는 안 될 것이 러시아 현대미술이다. 모스크바는 제국의 도시 중에서 가장 흥미롭다. 부러워할 만한 수 세기의 아름다움과 나란히, 현대의 전혀 새로운 불꽃이 서로 즐겁게 뒤섞이며 어울려 타오르고 있다. 러시아의 오랜 심장을 뚫고 들어가는 새로운 피 아닌가!

21장

러시아를 위한 제국의 길은 어디로 가는가?

코사크 족

서쪽으로 향한 거대한 움직임

이 기나긴 이야기를 지금까지 읽어온 독자들이나 시베리아 여행의 동반자들은 이렇게 지상에서 가장 거대한 인간적 움직임이 펼쳐지는 것을 함께 보았다. 그리스도 이전까지, 사람들은 태평양 때문에 동쪽으로 진출하지 못했다. 또 이미 북적대던 중국 제국에 인구가 너무 많다고 느낀 사람들은 서쪽으로 중앙아시아 고원을 가로질렀다. 그곳에서 그들은 아시아의 나일 강인 오비, 예니세이, 이르티시 강변의 비옥한 골짜기에 가축들을 끝없이 방목하면서 러시아 남부의 카스피 해 연안까지 도달했다. 4세기 말경, 훈족은 서쪽으로 헝가리까지 당도했다. 이곳에서 아틸라[역사상 가장 큰 제국을 건설한 훈족 황제]의 지휘 하에 그들은 세계를 지배했다. 수 세기가 흐른 뒤, 칭기즈칸의 지휘로 오늘날 동중국철도와 시베리아철도가 이어지는 곳 근처에서 또 다른 막강한 집단이 모여 훈족의 자취를 따랐다.

이들의 행로는 모스크바 함락 때까지 그야말로 야만적인 정복의 공포를 새겼다. 러시아는 완전히 굴복했고, 그들을 압박할 수도 있었던 폴란드, 헝가리의 최강 군대도 패배했다. 눈밭을 핏발로 얼룩지게 하면서 이렇게 해가 지는 서쪽을 향한 무서운 행군은 역사에서 가장 음산했고 또 러시아인을 다루던 방식은 정복민이 굴종해야 했던 가장 무시무시한 벌이었다. 거의 200년간, 몽골 족은 러시아인의 무거운 인두세를 요구했다.

14세기가 되어서야 러시아인은 견딜 수 없는 속박에서 벗어나고자 단호히 일어섰다. 드미트리의 영도 하에, 더욱 용기를 얻게 된 이들은 최초의 승리를 거두었다. 그러자 몽골 족은 대군을 조직했고, 1380년에 마마이 칸이 이 반역의 중핵을 분쇄하려고 모스크바로 진격했다. 러시아인은 극도의 노력으로 방어를 채비할 시간이 있었다. 15만 병사의 진두에서, 드미트리는 돈 강의 축축한 대평원에서 타타르 족과 마주쳤다. 인명 20만이 살상되었다는 참혹한 학살의 결과로서 사상 유례없는 전투였다. 그런데도 끝을 보지 못한 전투였다. 적군은 기세가 꺾였어도 진군을 멈추지 않았다. 2년 뒤 몽골의 칸이 모스크바로 다시 입성했다. 드미트리는 그에게 고개를 숙이고, 더 많은 공물을 바쳐야 했다. 이로부터 정확하게 10년 뒤, 이반 3세는 저항운동을 재개해 타타르를 역공했고, 결국 이들을 러시아에서 물리쳤다. 드미트리와 다르게 그는 러시아 연합군의 선봉에서, 대전의 위험에 빠지지 않고서 소규모 전투로 겨울마다 적들을 공격해 섬멸했다.

동쪽으로 향한 점진적인 움직임

1480년에 서쪽을 향한 큰 이주의 물결은 영원히 멈추게 되었다. 한 세기 동안의 휴지기를 거쳐, 동쪽으로의 움직임이 비록 더디지만 점진적으로 시작되어 오늘과 같은 높은 물결에 이르게 되었다. 후퇴하는 타타르 족을 가까이에서 쫓던 스트로고노프 일가는 정부의 반감에도 불구하고 페름에 식민지를 건설하고, 지역 산업〔소금〕을 일으키며 모피 거래를 활성화했다. 같은 지역에 다른 식민지들이 건설되면서 우랄 산맥 아시아 능선 주민들의 침략을 여러 차례 버텨내야 했다. 1579년, 스트로고노프 일가는 황제를 찾아가 이반 4세로부터 이런 약탈자들을 무찌를 원정대 파견의 허락을 받았다.

당시 페름에 예르마크 티모페예비치〔1540~1585〕라는 강철 같은 완력의 사나이가 살고 있었다. 그는 불굴의 용기와, 원시적이고 야만적인 시련의 계절에도 끄떡 않는 기질을 지닌 인물이었다. 지휘를 맡은 그는 용맹스럽고 강인한 카자크 군을 모집해 어디든 출정할 준비를 마쳤다. 예르마크의 지휘를 받은 이 모험가들의 원정은 우선 방어를 염두에 두고 조직되었으나 그 대장은 다른 작전까지 예상했다. 차르는 그가 침략원정을 준비해오던 끝에 출정했다는 전갈을 받고서 황급히 특사를 보내 그를 소환하도록 했지만 때는 이미 늦어버렸다. 러시아의 아시아 북부 정복이 이미 그렇게 시작되었다.

또 시베르라는 도시〔오늘날 토볼스크〕가 예르마크에게 함락되면서 시베리아라는 이름으로 불리게 되었다. 1580년, 예르마크는 투라 강변에서 타타르 왕자 예판차와 겨루어 칭기투라를 점령했다. 오늘날의 티우

멘이다. 그는 이어 토볼에서 1581년 10월 26일, 타타르 족장 쿠춤을 격퇴하고 러시아 깃발을 꽂았다. 이렇게 한 번 올라간 깃발은 다시는 내려오지 않았다. 마침내 타타르 전체가 러시아에 식민지로 병합되었다. 예르마크는 범법 행위로 사형선고를 받은 적이 있는 부관 콜초를 황제에게 보냈다. 콜초는 황제에게 담비를 바치면서 예르마크가 정복한 이 새 왕국을 승인해달라고 간청했다. 국가는 이렇게 병합된 영토를 러시아로 만드는 첫 번째 조치를 취했다. 또 1590년 5월에 솔로이체고드사 주민 30가구를 보내 이주민의 첫 정착 중심지로 삼았다. 이때부터 국가의 지원으로 우랄 산맥까지 나라가 팽창하게 된다. 3년 뒤 그곳으로 우글리치 주민들을 보냈을 때는 그중에 황태자 시해범도 포함돼 있었고, 이때부터 유형수에 의한 식민지 개발이 시작되었다.

시베리아의 역사를 다시 읽어보면, 별로 피를 흘리지 않았다는 사실이 놀랍다. 예르마크의 첫 번째 원정 이후, 행군은 차츰 시베리아 중심지로 이어지다가 부랴트 족에게 30여 년간 저지당했다. 북동지역에서는 코랴크 족과 잔혹한 격전을 치렀다. 그 뒤 1900년에 만주 점령으로 이어진 원정이 있었다. 하지만 다른 대륙에서 광대한 영토를 정복하는 과정에서 벌인 전쟁에 비하면 아무것도 아니었다! 최소한 그 대부분의 점령지는 단견을 지닌 대신들의 정치적 변덕으로부터 자유로웠던, 끈질기고 능란하며 단호한 노선을 따른 외교의 성과였다.

아시아권의 러시아는 대부분 거의 자발적으로 넘겨받은 것이나 다름없다. 예컨대 게오르기아 왕은 황제에 유리하게 왕위를 내놓았는데, 이는 카프카즈 전역을 거의 운명처럼 흡수하는 계기가 되었다. 타타르의 키르기즈는 이웃 투르코만 족을 막아달라고 황제에게 호소하면서 자기 나라를 그냥 바친 셈이다. 이는 1900년에 몽골의 칸도 마찬가지였다. 칸은 황제의 봉신이 되면서 중국 황제를 버렸다. 평화적인 정복자로서는 무라비에프처럼 성공적인 경우도 없었다.

아무르 지방, 그리고 1860년 11월 2일, 이그나티에프 백작이 서명한 북경조약으로 획득한 몽골의 아수리 지방도 그의 외교 덕이었다. 타타르가 서쪽으로 대이동할 때 대전투와 야만적인 학살로 피를 뿌렸던 것에 비해, 러시아인의 동진東進은 조용하게 이루어졌다. 아프리카, 북아메리카 원주민들에게 사용했던 방식과 이곳 원주민을 대한 방식은 얼마나 다른가! 부랴트 족의 경우처럼 분쟁이 있었다가 일단 전쟁이 끝나고 나서 즉시 화해하게 되면 정중하고 우애로운 관계가 조성되었고, 곧 정복자와 피정복자는 좋은 관계를 유지했다. 바로 이런 것이 러시아만이 가진 놀라운 장점이다. 러시아는 부랴트가 확고한 기반 위에서 그들의 힘을 유지하도록 크게 돕고 있다. 마찬가지로 만주지역 주민 대다수는 이제 원주민의 통치보다 러시아의 지배를 선호하고 있다. 몇 해 안에 몽골도 이렇게 될지 모른다.

동진은 언제 끝날 것인가? 러시아인이 선언할 때일까? 역사는 되풀이될 것인가? 드미트리와 마마이 칸이 돈 강 유역에서 벌인 것 같은 대규모 한국 국경이나 히밀라야 산록에서 되풀이될까? 아무튼 러시아가 걸어온 역사로 미루어 짐작해보면, 건강한 기초와 일차적 질서를 예상할 수 있을지 모른다. 러시아의 팽창은 광활한 시베리아에서 최소한의 저항에만 부딪혔다. 실질적으로는 아무도 차지하지 않고 있던 땅이다. 심각한 저항을 제압해야 할 경우에, 러시아는 피정복자에게 충분히 선택할 여지를 주었다. 그렇게 상황을 개선해나갔다. 러시아는 위도 상으로 같은 선상을 따라 전진했고, 기후가 같은 지역을 점령해나갔다. 소박하고 무지한 러시아 민중은 자연에 맞서 온힘을 다해 싸운다. 그곳은 자기 앞에 많은 공간이 있고, 경쟁자가 저지하러 오지 않는 한 시간은 문제가 안 되는 곳이었다.

러시아는 태평양에서 부동항不凍港과 얼어붙지 않는 물길을 절실히 추구했다. 더욱 방대하고 극성스런 이동에 뛰어들기 전의 숨고르기였던 것일까? 흥미로운 의문이다. 나로서는 그 반대라 생각한다. 러시아는 현재 필요한 모든 것을 갖고 있고, 제국을 이끄는 두뇌들은 그것을 활용하고 있는데, 이는 훨씬 더 중요하다. 러시아는 충분히 힘을 비축하고 있다. 여러 가지 면에서 비교할 수 있지만, 인도와 중국을 바라볼 때, 내일 조약에 서명할 펜을 건네지 않는다면 이 나라들이 러시아에 무엇을 제시할 수 있을까? 내가 보기에 인도가 러시아의 침공을 두려워한다는 것은 현대정치에서 가장 터무니없는 단순한 발상일 뿐이다. 이런 불안감이 최근에 한심하기 짝이 없는 효과를 초래했다.

내 말은, 이런 두려움이 러시아가 만주를 점령하고 병합했을 당시, 만주가 우리의 통상에 완전히 개방되도록 해야 한다고 강조하는 것을 방해했다. 탁 트인 문도 없이 '상인들이 드나드는 쪽문' 이나 반쯤 열린 문, 빙

빙 도는 회전문, 이런 식으로 멋대로 표현하듯이, 이런 것이 영국 공사 헤이 씨가 거둔 성과였다. 미국 정부는 집요하면서도 차분하고 힘이 넘치는 외교로써 만주를 개방시켰다. 그곳에서 그리스 사람은 그리스 사람만 만나거나, 무뚝뚝하고 고집스런 러시아 외교관이 미국인을 멀리하거나 하지는 않는다. 영국은 여전히 극동 무역에서 가장 비중이 크다. 하지만 만주 개방에 관한 한 노르웨이, 덴마크, 아니면 스위스 수준에 머물러 있다. 인도는 러시아가 아니다. 러시아가 굳이 침입하고자 할 이유가 없을 것이다. 침략이 가능할지 모른다는 생각에 너무 오래 집착해왔다. 서로 유리하게 협조할 수 있을 텐데도 말이다. 영국과 프랑스, 러시아의 삼각동맹 가능성은 얼마든지 있다.

나는 이 글을 콘스탄티노플에서 쓰고 있다. 바로 러시아의 팽창 욕구가 집중되고 있는 곳이다. 아시아에서 러시아는 장기간에 걸쳐 최상의 예견으로 철도를 열었던 이 방대한 지역을 개발하고, 개화하고, 개혁하는 데 적절한 위치에 서 있다. 바로 그곳에서 모든 러시아인이 자신들의 동력을 발산하는 데 충분한 공간과 터전을 찾을 것이다. 그들은 풍요로운 수확을 얻을 것이고 또 번창하는 산업도시에 힘을 쏟을 것이기 때문이다. 잠재적 생산성이 막대한 이 황무지에서, 그것은 시간이 북극성 아래 매머드들이 배회하던 외로운 발자취를 따라 흘러가던 때부터 기다려온 일이다.

옮긴이의 말

이 책은 영국 언론인이자 문필가 조지 린치가 1903년에 런던 더크워스 출판사에서 펴낸 *The path of Empire*를 우리말로 옮긴 것이다. 불어판은 『한국과 중국과 만주』(G. 길렁시 옮김)라는 제목으로 뒤자리크 출판사에서 즉시 출간되었다.

이 책에 앞서 내놓은 현장탐방기 『문명전쟁』『종군 인상기』 등으로 유럽에 애독자를 확보하고 있던 저자는 일본에서 한국을 거쳐 만주, 몽골, 시베리아로 이어지는 시베리아횡단열차 노선을 따라, 러시아를 중심으로 제국주의 열강의 정치와 외교, 해당 지역의 역사와 사회, 문화, 주민 생활 등을 생생하게 전한다.

비록 근대화를 맹신하는 제국주의 영국인의 사고와 애국심의 틀을 크게 벗어나지 않지만, 저자의 언론인으로서 뛰어난 관찰은 극동과 동아시아에 대한 구체적 정보가 미미하던 시절에 많은 사람을 열광시킬 만했을 것이다. 그러나 급박한 동아시아 정세를 예리하게 통찰하는 것과 상반되게 러시아 제국을 바라보는 매우 낙관적인 관점은 다소 의아하기도 하다. 이런 정치적 견해에도 불구하고 기행문을 쓰는 필자로서의 매력은 뛰어나다.

아무튼 군국주의적 제국주의의 동향이 면밀히 묘사되고 있는 가운데, 대한제국의 처지는 특별한 관심사일 수밖에 없다. 또 임자도 없는 듯이 역사적 주인조차 모호한 만주, 몽골 대륙을 선점하고 근대적 국경과 소유권을 주장하려는 과정은 흥미진진함 못지않게 주목할 만한 부분이다. 특히 조국의 지원은커녕 학정에 고향을 등지고 혈혈단신 그 벌판으로 이주해서도 타고난 근면함과 놀라운 의지와 지혜로써 미개지를 개척하던 우리 조상의 모습은 감동이라는 말로 다할 수 없이 뭉클하다. 이 책에서는 만주와 관련한 우리 조상의 역할과 몫에 대해서도 귀중한 증언을 들을 수 있다.

물론 가격과 통계치를 정확히 옮기면서 대한제국의 경제, 사회생활의 실상을 전해주는 부분이 얼마나 중요할까. 본격적인 식민 침탈에 앞서 고리대와 짝퉁 제작에 몰두하던 '쩨쩨한' 거류지 일본인의 면모도 낱낱이 폭로된다. 우리 반일감정의 역사적 맥락까지 더듬기도 하는 저자다. 그런가 하면 미국인 선교사의 행태에 대한 부분은 대단히 시사적이다.

이 책의 중후반부에서는 러시아 공산혁명이 발발하기 직전, 시베리아 대이주의 물결과 더불어 파란만장하게 펼쳐지는 '러시아 제국 최후의 숨결' 이자, 의화단운동 이후 열강과 중국과 일본, 만주와 몽골에서 숨 가쁘게 좌충우돌하는 근대화운동의 물결을 이야기한다. 그 와중에 대한제국은 가장 특이한 존재로서 그 물결에 부대낀다.

이 책에서 볼 수 있는 그 대륙은 도스토옙스키와 톨스토이 같은 대문호와 샤갈 같은 화가가 그려낸 낭만과 비극이 넘치는 시베리아가 아니다. 끝없는 이주민 행렬과 개발의 물결이 광포하게 넘치는 냉혹한 역사적 시베리아다. 어떤 걸작 소설보다 더욱 장엄한 현실과 투쟁하는 인간의 드라마가 펼쳐지는 시베리아다. 창세기 이래 전인미답의 동토에서 새로운 약속의 땅을 찾으려는 이주민들의 노력도 차분히 조명된다.

이런 것이 아니더라도 만주, 몽골, 시베리아로, 특히 바이칼 호로 이어지는 대륙은 바로 우리의 민족적 · 역사적 뿌리와 직결된 곳으로, 이웃나라 중국과 일본에 비해 연고가 더욱 깊다. 그런데도 이 지역은 오히려 다른 이웃나라들에 비해서 관심이나 읽을거리도 부족한 편이다.

우리 땅에서 시작해서 광활한 시베리아 대륙을 누비며 저자가 남긴 기록이 그렇게 긴밀했던 우리와의 관계와 또 우리 자신을 이해하는 데 도움이 될 수 있지 않을까.

어렵사리 뒤늦게 출범한 진실화해위원회의 활동은 한시적이라고 한다. 진실에 시효나 만료가 있을까. 본문에서 말하는 매머드를 찾아낸 퉁구스 족의 신화처럼 말이다. 수백만 년 뒤에도 진실은 시베리아 빙산을 뚫고 나온 그 매머드의 상아처럼 은은하면서도 당당하게, 우리의 가슴을 철렁하게 하면서 모습을 드러내지 않을까. 우리 근대사를 변변히 기억하기도 어려운데 무엇을 잊고 청산한다는 것일까?

역사는 퇴보하기도 한다. 지금 이 시베리아철도를 타고 저자의 족적을 따라가려면 우선 블라디보스토크까지 가야 한다. 한반도를 관통할 수 없는 이 부당한 금단의 땅이 생긴 지 또 얼마인가. 맛없는 러시아 동태 대신 값싸고 질 좋은 시베리아의 고기가 우리 밥상에 오를 날은 언제일까. 부산에서 열차를 타고 파리에 내릴 날을 그려보는 공상마저 할 수 없었다면 이 책의 번역을 아직 끝내지 못하지 않았을까.

지은이 조지 린치

영국의 언론인, 기행문학가로서 타임스, 인디펜던트 지 등 여러 신문사의 특파원으로 일했다. 특히 이 책을 비롯해 동아시아에서 벌어진 열강의 충돌을 다룬 현대적 다큐멘터리인 『문명전쟁』 『종군 인상기』 등은 그 풍부한 정보 덕분에 큰 반향을 불러일으켰다. 또 『구일본과 신일본: 낭만적 민족의 낭만적 역사』 같은 일본 민족 기행기도 남겼다.

옮긴이 정진국

미술평론가. 서울과 파리에서 미술과 미학을 공부했다. 『유럽의 책마을을 가다』 『사진 속의 세상살이』 등을 지었다. 『로마네스크와 고딕』 『바로크와 고전주의』를 비롯한 서양미술사 고전과 『미켈란젤로 부오나로티』를 비롯한 전기를 번역했다. 지금은 예술가 전기 번역과 저술에 몰두하고 있다.

제국의 통로

초판 인쇄 2009년 12월 1일
초판 발행 2009년 12월 8일

지은이 조지 린치 | 옮긴이 정진국 | 펴낸이 강성민
기획부장 최연희 | 편집장 이은혜 | 마케팅 신정민

펴낸곳 (주)글항아리 | 출판등록 2009년 1월 19일 제406-2009-000002호

주소 413-756 경기도 파주시 교하읍 문발리 파주출판도시 513-8
전자우편 bookpot@hanmail.net
전화번호 031-955-8891(마케팅) 031-955-8898(편집부)
팩스 031-955-2557

ISBN 978-89-93905-12-0 03900

이 도서의 국립중앙도서관 출판시도서목록(CIP)은 e-CIP홈페이지(http://www.nl.go.kr/ecip)에서 이용하실 수 있습니다.
(CIP제어번호 : CIP2009003722)